Vollendete
Partnerschaft

Hinweis:

Die Autorin erteilt auf Wunsch auch Einzel- und Gruppenunterricht im Bereich Bodenarbeit und Zirkuslektionen.

Bei Interesse wenden Sie sich bitte an:

Iris Malzkorn
Storchenweg 7
64832 Babenhausen
Telefon: 0175 5949893
Email: iris@natuerlich-mit-pferden.de

Autorin:	Iris Malzkorn
Verlag:	Printsystem Medienverlag
	71296 Heimsheim
Satz und Gestaltung:	Uta Köhler
Fotos:	Oliver Müller, Markus Selmikeit
	Zuordnung ist der Autorin bekannt
Druck:	Printsystem GmbH, 71296 Heimsheim
Copyright:	Nachdruck verboten.
	Gleiches gilt für Vervielfältigungen, Übersetzungen, Ablichtungen jeglicher Art und Verarbeitung mit elektronischen Systemen.

1. Auflage, September 2010

Der Umwelt zuliebe gedruckt auf umweltfreundlichem, chlor- und säurefrei gebleichtem Papier.

ISBN: 978-3-938295-28-1

Iris Malzkorn

Vollendete Partnerschaft

Aufbau des Vertrauens zwischen Mensch und Pferd durch Bodenarbeit und Zirkuslektionen

Inhaltsverzeichnis

Sinn und Zweck 5

Unterschiedliche Charaktere 7

Aller Anfang ist schwer 9

Spanischer Schritt/Polka, vier Beine 13

Plie 19

Kompliment 21

Nein sagen/Ja sagen 23

Nase auf Gegenstand 26

Hinlegen 29

Vollständiges Hinlegen 31

Sitzen 32

Aufsteigen ohne Sattel 34

Balancieren über einer Stange 37

Podest 40

Pferdeanhänger 43

Decke runterziehen 47

Ball spielen 49

Wippe 51

Seil springen 53

Stangensalat 56

Tore öffnen 59

Spazierengehen 61

Klappersack 65

Agilitytunnel 67

Teppich ausrollen/zusammenrollen 69

Im Anhang Übungskarten zum Ausschneiden

Sinn und Zweck

Immer wieder werde ich gefragt, warum man überhaupt vom Boden arbeiten soll. Immerhin wäre es ja ein Reitpferd und nicht ein Bodenpferd. Diese Frage lässt sich nicht in zwei Sätzen beantworten. Provozierend antworte ich immer, dass Pferde rein vom Körperlichen gar nicht für das Reiten gebaut sind, geschweige denn zum Tragen von Lasten auf ihrem Rücken. Aber eigentlich ist die Frage von vornherein falsch gestellt. Es geht nicht darum, was das Pferd ist, sondern mehr darum, warum man auch Dinge vom Boden aus machen kann und sollte.

Pferden, so wie sie in unserem Leben integriert sind, wird sehr schnell langweilig. Ihr eigentlicher Lebensablauf besteht darin, am Tag umherzuwandern und Nahrung aufzunehmen. Wir halten sie aber auf kleinstem Raum und wenn wir sie dann rausholen, dann sollen sie unter dem Sattel Höchstleistungen vollbringen. Sie sollen in dem Moment funktionieren.

Bodenarbeit/Zirkuslektionen bereiten dem Pferd Abwechslung, und sie stärken das Vertrauen zwischen Mensch und Pferd. Es kann zu einer Partnerschaft kommen, in der beide Parteien gleichberechtigt sind. Auch ein Pferd kann mal mit dem falschen Bein aufstehen und ist mal weniger gut gelaunt.

Hier ist der Mensch gefragt. Er sollte durch seine Möglichkeiten dem Pferd Abwechslung verschaffen, und es dort abholen, wo es gerade ist.

Das versuche ich auch immer in meinem Unterricht zu vermitteln. Wenn an dem Tag eine Übung gerade nicht klappt, dann gibt es einen weiteren Tag, an dem man es versuchen kann. Es hilft weder, dem Pferd etwas „einprügeln" zu wollen, noch etwas unbedingt erreichen zu wollen, ohne dass man sich Zeit lässt.

Ich möchte mit den nachfolgenden Seiten ein paar Anregungen geben, was man mit Pferden so alles machen kann. Die Bilder zeigen mein eigenes Pferd Ronja, das für jeden Spaß zu haben ist. Hieran kann man sehen, wie weit man mit nur einem Pferd kommen kann, ohne denken zu müssen, dass man mehrere Pferde benötigt, um Vergleichbares zu erreichen. In gewissem Maße ist jedes Pferd zur Dressur fähig, aber nur nach seinen Gegebenheiten. So ist es auch mit Bodenarbeit oder Zirkuslektionen; das eine Pferd lernt schnell, das andere eher langsam. Aber Spaß haben sie alle daran, solange man den Spaß in ihnen weckt und sie nicht zwingt, die Übungen durchzuführen.

Wichtig: *Die Übungen aus dem Bereich der Zirkuslektionen sollten nur auf Kommando erfolgen, damit man Pferde nicht zum Betteln „erzieht". (Ob eine Übung zu den Zirkuslektionen zählt und somit ein Kommando benötigt, wird in den einzelnen Kapiteln erläutert.) Zeigen Sie die Übungen ohne Kommando, müssen sie ignoriert werden. Ansonsten kann es auch zu gefährlichen Situationen kommen, wenn z.B. das Pferd sich plötzlich beim Reiten hinlegt, weil es Appetit auf ein Leckerli und eine Pause hat.*

Zeichenerklärung:

 Pferd lernt schnell

 Pferd braucht Wiederholungen

 Hinweis auf das Reiten

Unterschiedliche Charaktere

Auch bei Pferden gibt es unterschiedliche Charaktere. Die einen lernen schnell, die anderen brauchen Wiederholungen. Die einen sind sehr schnell gelangweilt, die anderen werden überfordert, wenn man zu viel verlangt.

Ohne Berücksichtigung des Charakters ist eine Arbeit mit dem Pferd nicht sinnvoll. Wie oft standen wir schon an der Bande und bewunderten ein Pferd, was sich stundenlang longieren ließ und dachten uns: Wenn unser Pferd das doch auch tun würde.

Wir vergessen dabei nur zu oft, dass ein Pferd daran nicht wirklich Gefallen hat. Wenn wir uns selber mal in die Lage des Pferdes versetzen, sehen wir sehr schnell, wie langweilig es ist, wenn man nur 10 Minuten in eine Richtung auf dem Kreis läuft. Wir fangen an, an andere Dinge zu denken. Unsere Aufmerksamkeit lässt nach. Und dasselbe passiert auch mit dem Pferd.

Wenn man hier allerdings den Charakter beachtet, dann kann es schon sinnvoll sein, dem Pferd die Sicherheit durch Wiederholung zu bieten. Nicht jedes Tier mag einen ständigen Richtungswechsel. Allerdings sollte man auch bei einem Tier, das die Sicherheit in der Wiederholung findet, das Training dergestalt aufbauen, dass man z.B. in einem gewissen Rhythmus Tempiwechsel einbaut. Somit wäre es möglich, das Pferd 16 Tritte im Schritt gehen zu lassen und dann 16 Tritte im Trab, dann wieder 16 Tritte Schritt.

Für ein Pferd, das schnell gelangweilt ist, kann man die Arbeit in ein RoundPen verlagern und es frei laufen lassen, anstatt es an die Longe zu nehmen. Hierbei kann man die wahre Verbindung zwischen sich und dem Pferd herausfinden. Das Pferd übernimmt Verantwortung für sein eigenes Handeln und wird damit gefordert. Abwechslung kann auch hier durch Tempiwechsel erfolgen. Diese werden aber unregelmäßig abgefragt und nicht wie oben beschrieben regelmäßig.

Ich werde, wo es möglich ist, in diesem Buch auf unterschiedliche Charaktere Hinweise geben. Des Weiteren finden sich Hinweise darauf, inwieweit eine Übung auch beim Reiten hilfreich sein kann.

Charakter Ronja: *Ronja ist ein sehr futterorientiertes Pferd, was nicht heißen soll, dass sie in Aussicht auf das Futter alles macht. Ganz im Gegenteil; will sie etwas nicht und man versucht, sie mit Futter zu locken, wird es nicht funktionieren. Aber hat man sie zu etwas bewegen können und belohnt sie dann mit Futter, dann fragt sie immer mal wieder, auch ohne Kommando, ob es nicht Futter gibt, wenn sie eine Übung selbständig durchführt. Ronja lernt sehr schnell. Dinge, die sie durch Zufall lernt, bleiben ihr im Gedächtnis. Aus diesem Grund fing ich mit Zirkuslektionen bei ihr an. Sie ist kein Pferd, mit dem man tagelang in der Halle das Gleiche machen kann. Am besten ist es bei ihr, wenn nach einmal erfolgreich absolvierter Übung mindestens eine Woche vergangen ist, bevor man diese Übung noch einmal abfragt. Das bezieht sich auch auf das Reiten. Auch hier lässt man ihr besser Zeit, damit sie etwas verinnerlichen kann, statt eine Übung ständig zu wiederholen.*

Aller Anfang ist schwer

Wie kann man an die Sache herangehen? Ich lasse die Mensch/Pferd-Paare immer erstmal eine Runde laufen. Anhand des Abstands und des Ausdrucks sowohl des Menschen als auch des Pferdes lässt sich viel erkennen. Läuft das Pferd willig hinter dem Menschen her? Läuft es mit Abstand hinterher? Läuft es überhaupt hinterher? Ist der Mensch interessant oder doch eher die Umgebung? Läuft der Mensch in forschem Schritt vorweg? Weiß er, wo er hin will? Hält er den Kopf gesenkt oder fokussiert er sein Ziel?

> **Hinweis:** Ein Pferd sollte am Anfang nicht dicht hinter dem Menschen herlaufen. Ein Pferd ist ein Fluchttier und wird seine Flucht immer nach vorne auszurichten versuchen, solange die Gefahr nicht von vorne droht. Da es aber in „Herden" denkt, wird es keine Rücksicht darauf nehmen, ob der Mensch auch wegläuft und im ungünstigsten Fall den Menschen vor ihm einfach umrennen. Hat man die Führungsrolle übernommen, dann kann man das Pferd in immer dichterem Abstand hinter sich herlaufen lassen. Ein Pferd wird niemals ein ranghöheres Herdenmitglied einfach umrennen. Pferde sind sich ihrer Rangordnung und ihrer Position durchaus bewusst.

Wenn mein Pferd mir willig folgt und ich ihm genügend Motivation vermitteln kann, dann wird es Zeit, Abwechslung in die Sache zu bringen. Hier gibt es viele Möglichkeiten, ich möchte nur ein paar nennen:

- Stehen bleiben.
- Rückwärts gehen.
- Richtungswechsel.
- Ein Ziel anvisieren und bei Erreichen eine Pause machen.
- Volten.
- Tempowechsel (schneller oder langsamer Schritt/Trab)

Ist man noch am Beginn der Zusammenarbeit mit dem Pferd, werden alle Änderungen sehr deutlich vorgemacht. Stehen bleiben bedeutet dann, dass man deutlich mit den Armen fuchtelt, damit das Pferd auf den Menschen aufmerksam wird und somit die Chance hat, auf die neue Situation schnell zu reagieren.

Im weiteren Verlauf lassen sich die Dinge dadurch verfeinern, dass man sie plötzlich geschehen lässt. Somit wird das Pferd aufmerksamer sein müssen, um seinen Menschen nicht zu verlieren. Gleichzeitig kommt es hier aber auch auf das richtige Timing an. Ist der Mensch nicht präzise, wird das Pferd nicht verstehen, um was es dabei geht. Hier spielt die Vorübung eine große Rolle. Nur wenn das Pferd den Menschen als Leader anerkannt hat, wird es auf plötzliche Änderungen schnell reagieren. Somit bleibt das Pferd nicht stehen, wenn der Mensch plötzlich stehen bleibt, sondern läuft weiter und läuft am Menschen vorbei. Ist dies der Fall, kann man die Situation dadurch entschärfen, dass man sich um 180 Grad dreht und in der neuen Richtung weitergeht. Somit ist man wieder vor dem Pferd. Gleichzeitig bestimmt man auch wieder, wohin und wann es weiter geht.

In fortgeschrittenem Stadium kann die Position gewechselt werden. Statt vor dem Pferd herzugehen, stellt man sich hinter die Schulter und fordert das Pferd auf, voran zu gehen. Bestimmt man dabei immer noch Richtung und Tempo, bleibt man in der Führungsrolle. Auch die Position an der Hinterhand oder sogar schräg hinter dem Pferd fördert das Vertrauen zwischen Mensch und Pferd.

Hat man all dies erfolgreich mit dem Pferd an einem Seil absolviert, geht man dazu über, das Seil wegzulassen. Es kommt hier auf die Körpersprache an. Das Seil ist nur als Sicherheitsnetz für den Menschen zu verstehen. Es kann über den Rücken des Pferdes gelegt werden, um das Pferd notfalls mit Hilfe des Seiles wieder einfangen zu können. Am Anfang wählt man die sichere Umgebung eines eingezäunten Bereichen, später kann man auch auf einer Wiese die Übung durchführen.

Der Höhepunkt liegt dann darin, ein Spiel daraus zu machen. Gut eignet sich hier das Katz und Maus Spiel, wobei man jedes Mal neu definieren kann, wer die Katze und wer die Maus ist. Voraussetzung hierfür ist, dass das Pferd dem Menschen auch ohne Seil folgt. Ist also das vorangegangene Training soweit verfeinert, dass das Pferd zum einen super auf Änderungen seines Menschen reagiert und zum anderen auch ohne direkte Verbindung mitmacht, kann man es dahingehend erweitern, dass man versucht, dem Pferd davon zu laufen. Hat man den Spaßfaktor in seinem Pferd integrieren können, so dass es sich jeden Tag von neuem auf seinen Menschen freut, wird das funktionieren. Am Anfang wird das Pferd eventuell etwas verblüfft sein und sich fragen, was der Mensch da macht. Ist man aber konsequent in seiner Haltung und lobt das Pferd, sobald es beim Menschen wieder angekommen ist, wird es sehr schnell verstanden haben, inwiefern es auf die Reaktionen des Menschen reagieren soll. Man denke nur daran, wie mühsam es bei manchen Pferden ist, sie z.B. auf der Koppel einzufangen. Hat das Pferd aber begriffen, dass es umgekehrt ist, wird es auch auf der Koppel einfacher werden.

Hier ist erstmal Geduld gefragt. Nicht jedes Pferd wird dem Menschen sofort folgen, wenn man es vom Strick losmacht und weggeht. Meist wird es sich über die neu gewonnene Freiheit freuen und in die andere Richtung weggehen oder einfach stehen bleiben. Pferde sind von Natur aus neugierig. Ignoriert man das Pferd also völlig, wird es nach einiger Zeit nachsehen, was der Mensch denn da so treibt. Erscheint einem die Zeit als zu lang, kann man rumlaufen und immer mal wieder stehen bleiben. Das Pferd wird dabei aber nach wie vor ignoriert. Kommt das Pferd dann zum Menschen, egal aus welcher Richtung, bleibt man stehen, sobald es einen erreicht hat. Wichtig ist es, dass das Pferd sein Lob oder Leckerli bekommt, sobald es beim Menschen angekommen ist. Nach einer Pause geht man wieder weg und das Ganze beginnt von neuem.

Vorteil Reiten: Im Gelände könnte es zu Situationen kommen, in denen man besser absteigt und das Pferd führt. Hat man das nicht vorher schon mit dem Pferd praktiziert, wird das Pferd nicht folgen, da es den Menschen dann nicht unbedingt als ranghöher ansieht, dem es zu folgen gilt. Oder das Pferd stürmt plötzlich vor, um der Situation schnell zu entkommen. Ist das Vertrauen aufgebaut, wird das Pferd dem Menschen folgen, auch wenn die Situation nicht gerade vertrauenerweckend ist. Man sollte aber darauf achten, dass man sich nicht anders verhält als sonst. Es würde z.B. das Pferd in seiner Unsicherheit verstärken, wenn man in dieser Situation versucht, beruhigend auf das Pferd einzureden, sonst aber immer schweigt. Auch die kleinste Anspannung im Körper des Menschen wird vom Pferd wahrgenommen. Um diese Anspannung zu umgehen, kann man sogenannte Trockenübungen durchführen. Also z.B. ständig mit dem Pferd reden oder in unregelmäßigen Abständen ein Liedchen singen oder sich selber einen Witz erzählen. Solange es nicht nur in Gefahrensituationen passiert, wird das Pferd damit keine Gefahr verbinden.

Eine weitere Möglichkeit besteht darin, das Pferd zu spiegeln. Das baut vor allem das Vertrauen zwischen Mensch und Pferd auf. Zu diesem Zwecke legt man die eine Hand locker auf den Widerrist. Die eigene Position ist etwas hinter der Schulter bzw. der Vorhand des Pferdes. Die eigenen Beine spiegeln dabei die Vorhand des Pferdes, so wie der eigene Kopf den Kopf des Pferdes spiegelt. Wenn also z.B. die rechte Vorhand des Pferdes einen Schritt in eine Richtung macht, dann geht auch das eigene rechte Bein in die gleiche Richtung; das Gleiche mit der Bewegung des Kopfes. Schaut das Pferd nach rechts, schaut man selber auch nach rechts. Schaut es runter, schaut man auch runter. Ein Beknabbern des eigenen Beines kann man aber getrost weglassen. Spannend wird es hier, wenn man die Hinterhand des Pferdes dafür nutzt.

Ist das Ganze in einem begrenzten Areal gesichert, kann man auch auf die nächste Wiese gehen. Hier sollte man zur Sicherheit anfangs mit einem Seil arbeiten. Dieses wird locker in die Hand gelegt, welche auf dem Widerrist ruht. Es spielt hier keine Rolle, ob das Pferd nur ans Fressen denkt. Es geht hier nur darum, sich mit dem Pferd zu synchronisieren, es zu spiegeln.

Spanischer Schritt/Polka, vier Beine

Viele werden es bereits gesehen haben, wie Pferde ihre Vorhand in einem hohen langen Bogen nach vorne strecken und dabei vorwärts gehen. Manche Pferde machen das von Natur aus, andere müssen ein extremes Vorstrecken erst erlernen. Vor allem im starken Trab wird dies in der Dressur abgefragt.

Aber wie bringt man ein Pferd dazu, im Stand ein Bein nach vorne zu strecken (= Spanischer Schritt) bzw. dabei auch noch im Schritt vorwärts zu laufen (= Polka)?

Vor allen diesen Übungen sollte man sich ein Kommando überlegen, damit das Pferd auch weiß, was als nächstes kommt. Auch gehört eine Aufwärmphase dazu, um die Verletzungsgefahr zu minimieren.

Um das Pferd dazu zu bewegen, ein Vorderbein nach vorne zu strecken, wird das entsprechende Bein im Bereich des Oberarms leicht mit einer Gerte touchiert. Das Touchieren wird solange wiederholt, bis das Pferd in der gewünschten Art reagiert. Dabei wird das gewählte Kommando anfangs bei jedem Touchieren wiederholt.

Wichtig ist hierbei, dass man so an der Schulter des Pferdes steht, dass die eigene Blickrichtung in Richtung Pferdekopf zeigt. Wird diese Position missachtet, kann es leicht sein, dass das Pferd beim nächsten Hufschmiedtermin den Spanischen Schritt anbietet, statt das Bein zur Bearbeitung anzuheben.

Die Position der Touchade ist deswegen so weit oben zu wählen, damit der Spanische Schritt bzw. die Polka auch vom Pferderücken abgefragt werden kann und gleichzeitig auch als Abgrenzung z.B. zum Hinlegen auf Kommando.

Jedes ungewünschte Verhalten wird ignoriert. Sobald das Pferd es richtig macht, wird es gelobt und bekommt eine Pause. Ob dieses Lob mit Leckerlis oder mit Streicheleinheiten gegeben wird, spielt hierbei keine Rolle. Hauptsache, man zeigt dem Pferd deutlich, dass es genau das gemacht hat, was man angefragt hatte.

Am Anfang lobt man jeden Versuch in die richtige Richtung. Es reicht schon, wenn das Pferd das Bein vom Boden nimmt, sobald der Bereich nahe der Schulter touchiert wird. Nach und nach geht man dazu über, dass nur das richtige nach vorne Strecken belohnt wird.

Je nach Pferd dauert das Ganze etwas länger. Manche Pferde begreifen zwar sehr schnell, dass sie das Bein heben sollen, aber weniger, dass sie es nach vorne strecken sollen. Hier ist Geduld gefragt, aber auch Abstand zwischen den einzelnen Versuchen. Sobald das Pferd das Bein beim ersten Mal anhebt, ist die Übung vorbei. Entweder geht man zu einer anderen Übung über oder man wartet einen Tag, bevor das Ganze wiederholt wird. Auch ist die Intensität der Touchade in keiner Weise zu erhöhen. Das Pferd soll auf die leichte Berührung reagieren und nicht geschlagen werden.

> **Wichtig:** Die eigene Position ist hier von großer Bedeutung. Man steht in Richtung des Pferdekopfes, sonst könnte das Pferd leicht den nächsten Hufschmiedtermin damit verwechseln, dass das Pferd das Vorderbein nach vorne strecken soll, anstatt es anzuwinkeln. Bei den Hinterbeinen steht man in Richtung Hinterhand, aber auf Bauchhöhe. Auch diese Position unterscheidet sich vom Hufeaufheben, die ja an bzw. hinter der Hinterhand ist.

Dasselbe kann man natürlich auch mit dem anderen Vorderbein machen, wobei man hier am Anfang auch auf der entsprechenden Seite stehen sollte. Zu bedenken gibt es hierbei, dass man sich entweder für jede Seite ein eigenes Kommando überlegt oder das Pferd soweit konditioniert, dass es das Bein hebt, welches touchiert wird.

Spanischer Schritt vom Reiten aus gesehen und Spanischer Schritt auf einem Podest stellen eine größere Herausforderung dar.

Um den Spanischen Schritt auch aus dem Sattel heraus ausführen zu können, ist es erforderlich, dass das Pferd das Kommando gelernt hat und dass die Touchade weit genug oben angesiedelt ist, so dass die Stelle auch aus dem Sattel heraus erreicht werden kann. Sonst ändert sich nichts an der Durchführung. Das Pferd bekommt das Kommando und wird an der entsprechenden Stelle touchiert und sollte genau wie am Boden das entsprechende Vorderbein nach vorne strecken.

Um diese Übung auch auf einem Podest ausführen zu können, ist es wichtig, dass das Pferd mit dem Podest an sich vertraut ist und keinerlei gesundheitliche Probleme zeigt. Der Gleichgewichtssinn wird hier beansprucht, da das Pferd auf dem Podest mit den Beinen enger zusammensteht und zusätzlich noch ein Vorderbein nach vorne strecken soll. Nur wenn die Übung mit dem Podest an sich gefahrlos durchgeführt werden kann, sollte man zum Spanischen Schritt auf dem Podest übergehen.

Wenn der Spanische Schritt auf Kommando sitzt, kann man die Vorwärtsbewegung einbauen und so zur Polka übergehen. Dabei wird am Anfang immer einmal das entsprechende Vorderbein abgefragt. Anschließend lässt man das Pferd 3 Schritte weitergehen, bevor wieder das gleiche Bein abgefragt wird.
Die Schwierigkeit besteht hierin, dass das Vorderbein nicht nur vorgestreckt werden soll, sondern auch noch weit vorne abgesetzt werden muss. Manche Pferde verstehen diese Übung am Anfang nicht. Hier gibt es mehrere Ansätze. Gibt man, sobald das Bein vorgestreckt wird, eine treibende Hilfe, wird das Pferd versuchen, nach vorne zu laufen und somit das vorgestreckte Bein mit in den Bewegungsablauf einbauen.

Auch hier gilt wieder, den kleinsten Erfolg in die richtige Richtung zu loben und die Übung dann zu beenden und zu einem späteren Zeitpunkt erneut zu starten. Das Ziel ist es, beide Vorderbeine im Spanischen Schritt zu bewegen und somit die Polka zu erreichen.

Klappt die Übung mit den 3 Zwischenschritten, verringert man auf einen Zwischenschritt. Somit hebt das Pferd immer das Vorderbein auf einer Seite in der besagten Weise. Sitzt das, lässt man die Zwischenschritte komplett weg.

Charakter: Hat man ein Pferd, das sehr schnell lernt, sollte man die Übung zu dem Zeitpunkt beenden, an dem das Pferd es einmal richtig gemacht hat. Man sollte zusätzlich ein paar Tage verstreichen lassen, bevor man es noch einmal abfragt. Sehr schnell lässt sich dann feststellen, ob das Pferd die Übung bereits verstanden hat. Braucht das Pferd eher Wiederholungen, sollte man auch hier dann aufhören, wenn das Pferd es einmal richtig gemacht hat. Die Übung dafür aber die nächsten Tage immer wieder wiederholen, bis es wirklich sitzt.

Da ein Pferd bekanntlich Hinterbeine besitzt, kann man auch hier das Heben der Beine fordern. Dazu braucht man bei den meisten Pferden etwas länger, da sie zwar gelernt haben, die Hinterbeine zu setzen, es aber selten gefordert wird, dass sich die Hinterbeine einzeln bewegen sollen, sie sind meisters im gesamten Bewegungsablauf integriert.

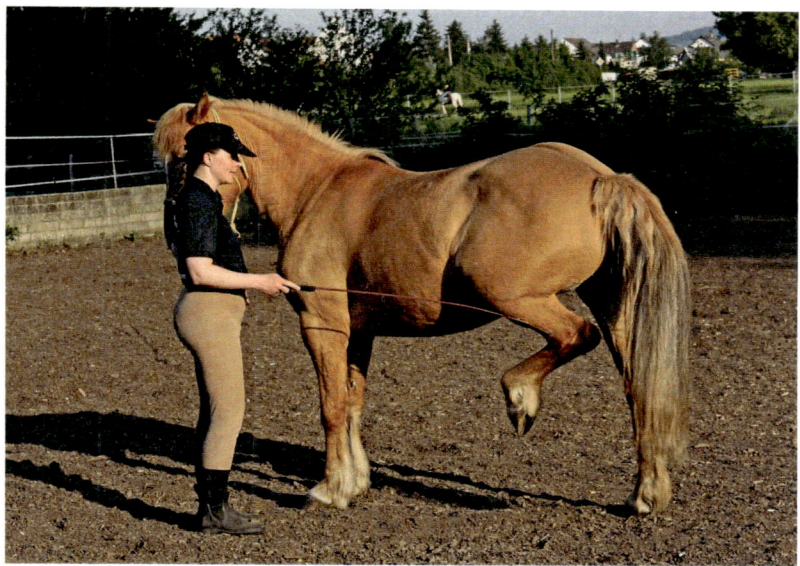

Die Herangehensweise ist die gleiche. Auch hier kann man versuchen, das Bein ziemlich nahe des Oberschenkels touchieren, um die Übung später auch vom Sattel aus durchführen zu können.

Die eigene Position ist ungefähr auf Höhe der Position, die man auch im Sattel einnehmen würde. Dies ermöglicht zum einen das Erreichen des Hinterbeines und zum anderen auch die Unterscheidung zum Aufnehmen des Hufes, wie z.B. beim Hufe auskratzen. Die Blickrichtung ist hier in Richtung Hinterbein.

Auch hier gilt: Kommando und dann Touchade. Es geht nicht darum, dass Pferd immer stärker zu touchieren, sollte das gewünschte Ergebnis nicht erreicht werden. Sondern nur ein konsequentes Wiederholen, bis das Bein den Boden verlässt. Ruhe und Ausdauer sind hier gefordert. Sobad einmal der Erfolg eingetreten ist, ist die Übung zu beenden und wie schon oben beschrieben später zu wiederholen.

Diese Übung lässt sich so ausbauen, dass man dem Pferd direkt die Beine auf einen anderen Platz setzt, z.B. in einen Reifen oder auf ein Holzbrett. Hierbei lernt das Pferd nicht nur, das entsprechende Bein anzuheben, sondern auch gezielt auf einen anderen Platz zu setzen. Dies ist sowohl von Vorteil für die Arbeit mit dem Podest als auch als Vorübung zum Hinlegen, wenn man hier über den Bergziegenstand geht.

Um das Pferd dazu zu bringen, ein Bein gezielt auf einen anderen Platz zu stellen, ist es erforderlich, dass man die Position des Touchierens ändert. Das Pferd wird hier lernen, sanftem Druck zu weichen. Die Touchade wird in diesem Fall am Fesselgelenk durchgeführt. Man berührt das Pferd an der Seite, an der es weichen soll.

Am einfachsten fängt man mit einem alten Fahrradreifen an. Diesen legt man vor das Pferd. Dann fordert man es mit einem Kommando und der Touchade auf, das entsprechende Vorderbein nach vorne zu bewegen. Setzt das Pferd das Bein in den Reifen, erhält es eine Pause und ein Lob. Bei dieser Übung sollte man vom Spanischen Schritt bzw. der Polka unterscheiden und ein eigenes Kommando geben. Sonst ist das Pferd nachher verwirrt und weiß nicht mehr, ob der Spanische Schritt oder das Bewegen eines Beines gemeint ist. Auch bezüglich des Untergrundes, hier der Reifen, sollte man darauf achten, dass das Pferd an sich an diesen Gegenstand gewöhnt ist, sonst wird es das Bein immer daneben setzen.

Diese Übung lässt sich auch so durchführen, dass der Reifen unter das Pferd gelegt wird. Man kann dann individuell entscheiden, ob das Pferd ein Vorderbein zurück oder ein Hinterbein nach vorne bewegen und abstellen soll.

Ist das Pferd in der Lage, jedes Bein in den Reifen zu setzen, kann man zu einem anderen Gegenstand übergehen, wie z.B. einer Plane oder einer Baubohle. Es ist darauf zu achten, dass der Untergrund ungefährlich für das Pferd ist, damit kein Verletzungsrisiko entsteht.

Vorteil Reiten: *Hier gibt es mehrere Möglichkeiten, in denen das Ganze sinnvoll eingesetzt werden kann. Z.B. im Gelände kann es sinnvoll werden, dass das Pferd die Beine auf einen unbekannten Untergrund setzen muss, wie zum Beispiel eine Brücke. Hier ist es von Vorteil, wenn das Pferd gelernt hat, die Füße auf unterschiedliche Untergründe zu setzen.*

Plie

Aus der Übung, die Vorderbeine nur von einer Seite zum Anheben zu bewegen, lässt sich das Plie entwickeln. Das Plie ist eine Übung, bei der das Pferd den Kopf zwischen den Vorderbeinen nach unten führt. Die Vorübung davon ist ein Strecken des gesamten Pferdes.

Diese Übung sollte nicht erzwungen werden. Das Pferd sollte selber bestimmen, inwieweit es sich strecken möchte. Auch sollte das Pferd vorher ausreichend aufgewärmt worden sein, damit keine Gefahr für die Gesundheit des Pferdes besteht. Eine vorherige Abklärung mit dem Tierarzt oder Physiotherapeuten kann sinnvoll sein.

Um den Kopf zwischen die Beine zu bekommen, muss das Pferd vorher lernen, die Vorderbeine etwas auseinander zu stellen. Hat das Pferd gelernt, die Füße entsprechend der Touchade an unterschiedliche Stellen zu setzen, kann es auch die Vorderbeine etwas auseinanderstellen.

Hat man die Vorderbeine des Pferdes leicht auseinander gestellt, kann man mit der eigentlichen Übung anfangen. Am leichtesten lässt sich das mit einem Leckerli herbeiführen, indem man die Hand mit dem Leckerli unter den Bauch und zwischen die Vorderbeine des Pferdes hält. Es ist darauf zu achten, dass das Pferd zum einen genügend Bewegungsfreiheit und einen weichen Untergrund hat und zum anderen nur auf eine Art, nämlich der geforderten, an das Leckerli heran kommt. Am Anfang der Übung hält man die Hand ziemlich weit vorne, im Bereich der Brust des Pferdes, damit das Pferd überhaupt weiß, was von ihm verlangt wird. Es sollte selbstverständlich sein, dass die eigene Hand so geschützt ist, dass das Pferd nicht aus Versehen in die Hand beißen kann.

Gibt es hier Schwierigkeiten und das Pferd begreift nicht, was es machen soll, kann man einen Zwischenschritt einführen. Man lehrt das Pferd, der Hand des Menschen mit dem Kopf zu folgen. Hierzu stellt man sich am Kopf des Pferdes auf und folgt mit der Hand der Bewegung des Pferdekopfes. Im ersten Schritt folgt die Menschenhand dem Pferdekopf, im zweiten Schritt dann umgekehrt. Ist das Pferd mit Leckerlis zur Mitarbeit zu bewegen, wird es den Kopf freiwillig der Hand folgen lassen. Somit sollte auch die Hand unter dem Bauch zum gewünschten Ziel führen.

Diese Übung kann man in der Form erweitern, dass man das Leckerli auch an die Flanke des Pferdes hält. Somit sorgt man gleichzeitig für eine Dehnung. Hierbei muss darauf geachtet werden, dass das Pferd keine zu ruckartigen Bewegungen ausführt, damit es sich keine Verletzungen zufügt. Vor allem, wenn ein Pferd sehr futterorientiert ist, sollte man die Flanken erst dann abfragen, wenn das Pferd schon etwas

Bewegung hatte und somit die Muskeln und Sehnen warm geworden sind.

Vorteil Reiten: *Ein Pferd, das den Kopf frei bewegen und sich strecken kann, wird auch unter dem Reiter besser in Biegung und Stellung gehen können.*

Kompliment

Das Kompliment ist eine Verbeugung eines Vorderbeins. Diese Übung setzt Vertrauen zwischen dem Mensch/Pferd Paar voraus. Das Pferd verlässt sich am Anfang darauf, dass der Mensch für das fehlende Gleichgewicht sorgt.

So wie es hier mit Ronja demonstriert wird, geht es meist nicht direkt von Anfang an. Zur Hilfe kann eine Longe genommen werden, die als „Hebel" einsetzt wird. Ich habe hier bewusst auf eine Abbildung diesbezüglich verzichtet, da es in erfahrene Hände gehört, mit zusätzlichen Hilfsmitteln zu arbeiten.

Hilfreich ist es hier, wenn das Pferd gelernt hat, mit dem Kopf der Hand oder dem Leckerli zu folgen. Auch lässt sich diese Übung am Anfang am Besten mit einem Helfer durchführen.

Vorgehensweise: Mit Blickrichtung zum Pferdekopf wird ein Vorderbein aufgenommen. Auf einen sicheren Stand ist zu achten, da am Anfang ziemlich viel Gewicht vom Pferd auf den Menschen verlagert wird. Das besagte Vorderbein wird langsam nach hinten geführt. Gleichzeitig führt der Helfer mit Hilfe des Leckerlis oder der Hand den Kopf zu der Seite, auf der das Vorderbein hochgenommen wurde. Somit wird das Gewicht des Pferdes von der Vorhand auf die Hinterhand verlagert.

Es erfordert einiges Geschick, um dem Pferd so viel Vertrauen zu vermitteln, dass es sich ein Vorderbein auf die Art nach hinten führen und auf den Boden setzen lässt.

Ist dieser Teil soweit sicher, kann man anfangen, das Vorderbein hinten abzulegen. Am Anfang wird das Pferd sofort das Bein wieder aufstellen. Nach und nach wird es verstehen, dass es das Bein nur ablegen muss. Das Kommando sollte in dem Moment gegeben werden, in dem das Bein auf dem Boden abgelegt wird, so dass das Pferd verstehen kann, was mit diesem Kommando gemeint ist. Ein leichtes Touchieren des Vorderfußwurzelgelenkes gibt die Möglichkeit, später nur mit Touchieren dieser Stelle und dem Kommando das Pferd zum Kompliment zu bewegen.

Diese Übung kann das Vertrauen zwischen Pferd und Mensch beeinträchtigen, sollte man das Gewicht des Pferdes nicht abstützen können. Das Pferd sollte allerdings nicht dazu animiert werden, das gesamte Gewicht auf den Menschen zu übertragen. Es gilt hier nur, dass fehlende Bein zu „ersetzen".

Auch hier sind beide Seiten gefragt. Ziel ist es, auf Touchieren des Vorderfußwurzelgelenkes und das entsprechende Kommando, das

Pferd in das Kompliment zu bringen. Der Kopf wird am Ende nach vorne gerichtet sein und nicht zur Seite. Der Kopf zur Seite hilft am Anfang sowohl Mensch als auch Pferd, das Gleichgewicht zu halten.

Nein sagen / Ja sagen

Wer wünscht sich nicht ein Pferd, das deutlich „Nein" sagt, wenn es etwas nicht machen möchte. Als „Schaueinlage" ist diese Übung durchaus zu nutzen, sonst habe ich noch keinen weiteren Sinn darin entdecken können.

Beachten sollte man, dass es am Anfang dazu kommen kann, dass das Pferd kopfscheu wird. Wenn man das Ganze aber – wie schon vorher beschrieben – mit Lob und Kommando verbindet, dann gibt sich das relativ schnel wieder.

Wenn wir Menschen „Nein" sagen, dann schütteln wir meist den Kopf dabei. Genau dieses Kopfschütteln provozieren wir auch beim Pferd. Da wir Menschen diese Körpersprache gut verstehen können, fällt es nicht schwer, diese Bewegung auch beim Pferd als solche wahrzunehmen, auch wenn das Pferd hier nicht unbedingt weiß, was es da macht.

Vorgehensweise: Als erstes sollte man das Pferd soweit desensibilisieren, dass es sich am Kopf und vor allem an den Ohren anfassen lässt. Hier gilt Annäherung und Rückzug. Lässt sich das Pferd an einer Stelle nicht anfassen, geht man mit der Hand so nah an die Stelle heran, wie das Pferd es gerade noch zulässt und nimmt dann die Hand wieder weg. So kann man nach und nach immer näher an die entsprechende Stelle herankommen und sie schlussendlich auch berühren. Diese Vorgehensweise ist wichtig, um das Pferd durch die Übung nicht kopfscheu zu machen.

Kann man das Pferd überall am Kopf und vor allem an den Ohren anfassen, kommt man zum eigentlichen „Nein"-Sagen. Hierzu stellt man dem Pferd eine Frage, auf die „Nein" eine sinnvolle Antwort ist. So kann man das Pferd zum Beispiel fragen, ob es schon genug hat. Sobald diese Frage gestellt ist, antwortet man selber mit „nein" und führt vorsichtig einen Finger in das Pferdeohr. Das Pferd wird mit Kopfschütteln reagieren, so als ob eine Fliege dort hinein geflogen wäre. Und schon hat man im Zusammenhang mit der Frage auch ein kopfschüttelndes Pferd und somit ein „Nein" sagendes Pferd.

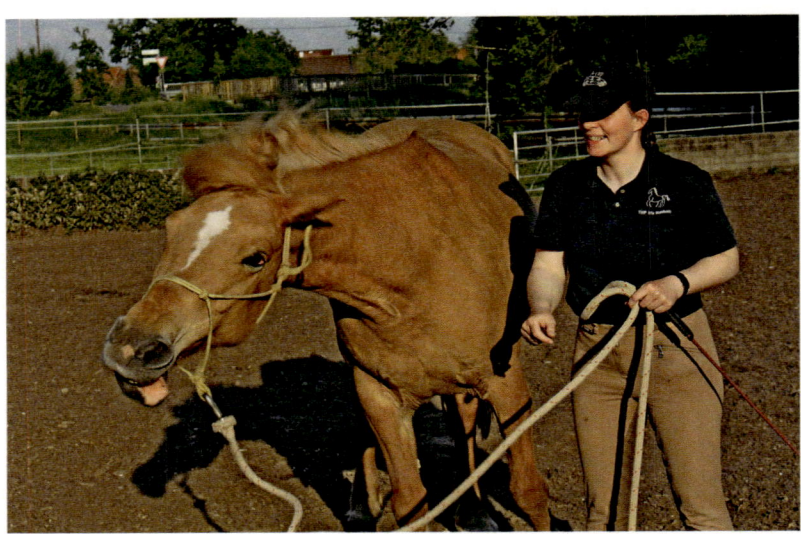

Auch für das „Ja"-sagen ist es wichtig, dass sich das Pferd überall am Kopf anfassen lässt. Hier gibt es zwei unterschiedliche Charaktere: Solche, die gerne den Kopf nach unten strecken und solche, die lieber den Kopf in die Höhe heben. Je nachdem, wozu das Pferd neigt, ist der gegenteilige Part entsprechend zu verstärken.

Bewegt das Pferd lieber den Kopf nach unten, gibt es ein leichtes Berühren des Kinnes bis der Kopf nach oben geht. Natürlich wieder mit dem entsprechenden Kommando und dem Lob einschließlich Pause. Bei diesen Pferden reicht es in der Regel, kurz am Strick nach unten zu ziehen, damit das Pferd den Kopf nach unten führt und entsprechend am Kinn anzutippen, damit der Kopf wieder nach oben geht.

Neigt das Pferd eher dazu, den Kopf hoch zu nehmen, ist die Vorgehensweise geringfügig anders. Kommt man noch an das Genick des Pferdes, wird hier leichter Druck ausgeübt, einschließlich Kommando, und gewartet, bis das Pferd den Kopf runter nimmt. Sobald der Kopf unten ist, kann man den Druck weglassen, das Pferd wird von alleine den Kopf wieder hochnehmen. Kommt man nicht an das Genick, weil das Pferd den Kopf zu weit hoch nimmt, kann man auch hier am

Strick nach unten ziehen, bis das Pferd den Kopf runter nimmt und sobald der Kopf unten ist, den Druck wieder wegnehmen.

Hier geht es nicht um einen Ziehwettkampf. Der Druck, der ausgeübt wird, wird nicht gesteigert. Er bleibt nur stetig. Es gelten langsam schließende und schnell öffnende Finger. Ist die gewünschte Reaktion da, wird der Druck sofort weggenommen. Kommt das Kommando zur rechten Zeit, reicht am Ende ein einfaches leichtes Ziehen am Strick, und das Pferd wird den Kopf runter und auch wieder rauf führen.

Nase auf Gegenstand

Der Sinn dieser Übung besteht darin, das Pferd zu sensibilisieren und im Endeffekt überallhin führen zu können.

Hier geht es weniger um ein Kommando, das ausgeführt werden soll. Vielmehr bezieht sich diese Übung darauf, das Vertrauen und die Kommunikation mit dem Pferd zu fördern. Z.B. ist es möglich, das Pferd auf einen Kreis zu schicken und auf diesem Kreis einen Gegenstand zu platzieren. Jetzt besteht die Aufgabe des Pferdes darin, selbständig zu erkennen, was mit diesem Gegenstand passieren soll. Jegliche Reaktion des Pferdes ist dabei richtig. Dies bedeutet, dass das Pferd durchaus an dem Gegenstand vorbei laufen kann. Allerdings gibt es dann keine Pause. Es ist die Verantwortung des Pferdes, darauf zu achten, wo es die Füße hinsetzt. Das geht auch unter dem Reiter nicht anders.

Am Anfang eignet sich eine Pylone sehr gut. Sie sollte mindestens 70 cm hoch sein, damit das Pferd nicht auf die Idee kommt, darüber zu stolpern oder das Hindernis zu übersehen. Die Aufgabe besteht für das Pferd darin, vor dem Gegenstand anzuhalten und seine Nase darauf zu setzen. Sobald dieses erreicht ist, bekommt es eine Pause und ein stimmliches Lob.

Wie schon erwähnt, wird das Pferd nicht getadelt, sollte es an der Pylone vorbeilaufen. Dieses Verhalten wird einfach ignoriert. Da das Pferd auf einem Kreis läuft, kommt es zwangsläufig wieder an der Pylone vorbei und kann somit einen zweiten Versuch unternehmen, um herauszubekommen, was es mit der Pylone auf sich hat.

Meist sieht es so aus, dass das Pferd mit der Nase an den Gegenstand kommt, dann eventuell den Hals darüber schiebt und möglicherweise am Schluss einen Fuß auf den Gegenstand setzt. Das hängt damit zusammen, welchen Charakter das Pferd im Allgemeinen hat. Ist es eher ängstlich, wird es einige Runden brauchen, bevor es überhaupt

in der Nähe der Pylone stehenbleiben kann. Sobald aber seine Neugier geweckt ist, wird es mit der Nase den Gegenstand erkunden.

Hat das Pferd begriffen, dass es mit der Nase den Gegenstand berühren soll, kann man die Übung so erweitern, dass man das Pferd nicht mehr auf der Zirkellinie den Gegenstand finden lässt, sondern es auf einer geraden Linie zum Gegenstand schickt.

Dies kann man so weit ausdehnen, dass man sich z.B. einen Punkt in der Halle sucht, zu der das Pferd geschickt wird. Jeweils dort angekommen, gibt es ein Lob und eine Pause. Diese Übung macht Sinn, wenn ein Pferd eher ängstlich in einer neuen Halle oder in einer neuen Gegend ist. Man lässt es so seine Umgebung erkunden und gibt ihm die Zeit, die es braucht, um sich daran zu gewöhnen.

Wichtig ist hierbei, dass man das Pferd in keiner Weise zum Gegenstand „hinprügelt" oder das Vorbeilaufen in irgendeiner Form „bestraft". Wenn das Pferd die Nase am Gegenstand hat, dann gibt es eine Pause und ein Lob.

Charakter: *Pferde, die eher weniger Vorwärtsdrang haben, finden sehr schnell Gefallen an dieser Übung, denn sie bekommen die gewünschte Pause, sobald sie die Nase auf den Gegenstand platzieren. Lässt man ihnen hierbei freie Wahl, werden sie immer schnell zu dem Gegenstand rennen, um die gewünschte Pause zu erhalten. Auch verspielte Pferde werden sehr schnell Gefallen daran finden und eventuell sogar versuchen, den Gegenstand ins Maul zu nehmen. Pferde, die eher langsam im Lernen sind, werden für diese Übung relativ lange brauchen. Hier sollte man genügend Zeit investieren und daran denken, dass man ungewünschtes Verhalten ignoriert und nicht bestraft. Pferde, die relativ scheu sind, werden eventuell vor dem Gegenstand ausweichen anstatt ihn zu berühren. Auch hier gilt, mit Geduld wird dieser Gegenstand weniger gefährlich, und die Neugierde des Pferdes wird obsiegen.*

Zu beachten ist hier, dass man fair bleibt, was auch für alle anderen hier beschriebenen Übungen gilt. So sollte man nicht versuchen, die Pferdenase auf einen Stromzaun zu platzieren. Das Pferd würde entweder für das richtige Verhalten bestraft werden, weil es an den Stromzaun kommt oder es könnte die Übung nicht mit einem positiven Ergebnis abschließen. Pferde lernen vor allem durch positive Verstärkung. Negative Verstärkung wird über kurz oder lang das Gegenteil des Gewünschten bewirken.

Hinlegen

Es gibt mehrere Methoden, ein Pferd zum Hinlegen zu bewegen. Ist es einmal im Pferd verankert, sollte man unbedingt darauf achten, dass das Pferd sich nur auf Kommando hinlegt. Sonst kann es passieren, dass es sich dann hinlegt, wenn es gerade will und es somit auch dann sein könnte, wenn es gerade geritten wird.

Eine Methode besteht darin, das Pferd zum Bergziegenstand zu bewegen. Man sorgt hier dafür, dass sich die Vorderbeine und Hinterbeine immer mehr annähern. Dadurch lässt sich das Pferd irgendwann von

alleine fallen, da es die natürliche Art ist, wie ein Pferd sich zum Hinlegen bereit macht. Auch hier hilft wieder die Vorübung, wenn das Pferd gelernt hat, die Beine dorthin zu setzen, an die man sie stellt.

Von Vorteil ist es, wenn man sein Pferd insoweit kennt, dass man weiß, welche Seite die bevorzugte ist. Also ob es sich z.B. lieber erst auf die linke Seite legt oder lieber auf die rechte.

Auch gibt es Pferde, die ein paar Mal im Kreis gehen und mit einem Vorderfuß scharren, bevor sie sich hinlegen. Je besser man sein Pferd in diesem Sinne kennt, desto einfacher wird es nachher.

Die eigene Position sollte so gewählt sein, dass sowohl die Vorderbeine als auch die Hinterbeine erreicht werden können. Legt sich das Pferd bevorzugt erst auf die linke Seite, steht man auf der rechten Seite des Pferdes. Legt es sich bevorzugt auf die rechte Seite, steht man entsprechend links. Man touchiert die Vorderbeine und Hinterbeine abwechselnd, so dass die Beine immer weiter zusammengestellt werden. Mit ein wenig Beobachtungsgabe erkennt man, wann das Pferd kurz davor ist sich hinzulegen. Dann kommt das entscheidende Kommando zum Hinlegen. Das Pferd sollte dabei immer beobachtet werden, da es sein könnte, dass sich das Pferd wälzt, sobald es am Boden angelangt ist.

Eine weitere Methode besteht in einer so genannten Fußlonge. Hierbei dient die Fußlonge als Hebel, damit man selber genügend Kraft hat, das Pferd zu stützen, sonst verliert man das Vertrauen des Pferdes. Als Vorübung benötigt man hierfür das Kompliment, da man mit dem Zurückziehen des Beines das Hinlegen einleitet. Diese Methode gehört nur in erfahrene Hände und, da die Verletzungsgefahr relativ hoch ist, sollte man wissen, wie man es machen muss.

Natürlich sind auch hier der Phantasie keine Grenzen gesetzt. Somit kann man z. B. eine Decke auf den Boden legen, auf die sich das Pferd dann legt.

Vollständiges Hinlegen

Ist das Pferd einmal unten, dann kann man daraus auch ein komplettes Hinlegen erreichen. Dazu wird der Kopf des Pferdes in Richtung Rücken am Boden entlang „geführt".

Auch hier gilt wieder: Sobald das Gewünschte erreicht ist, nicht mit Lob geizen. Das Kommando darf nicht vergessen werden, sonst besteht die Gefahr, dass man die beiden Übungen nicht mehr unterscheiden kann.

Generell gilt für das Hinlegen: Wenn das Pferd dem Menschen nicht vertraut, wird es sich nicht hinlegen. Denn im Liegen besteht die größte Gefahr für das Pferd darin, dass es nicht rechtzeitig wegrennen kann, wenn Gefahr droht. Einer muss also Wache halten und wenn das Pferd liegt, muss diese Aufgabe der Mensch übernehmen. Dies wird das Pferd nur dann akzeptieren, wenn das Vertrauensverhältnis zwischen Mensch und Pferd hergestellt ist. Die Rangordnung ist hier untergeordnet. Jeder in der Herde muss die Wache übernehmen.

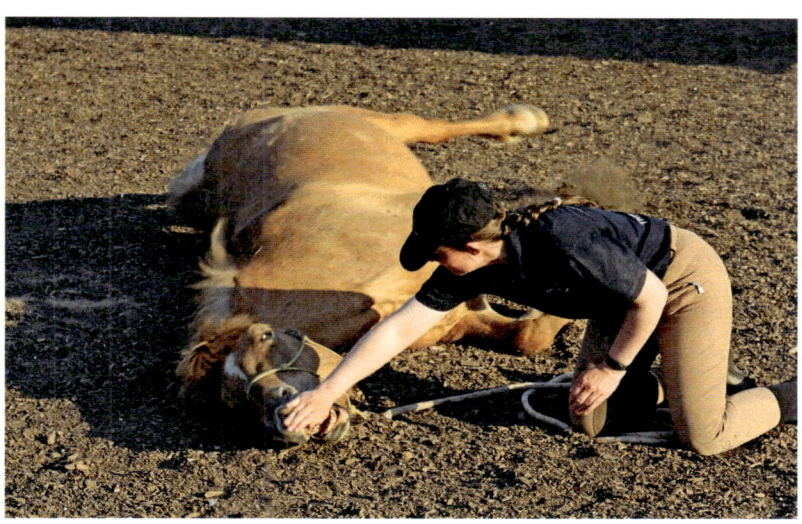

Man gibt dem Pferd das Kommando zum Hinlegen. Am Besten steht man für das nachfolgende vollständige Hinlegen schon auf Höhe des Kopfes. Liegt das Pferd z.B. auf der rechten Seite, führt man den Kopf weiter nach rechts. Dies kann entweder mit einem Leckerli geschehen oder aber das Pferd hat schon vorher gelernt, dass es der Hand folgen soll. Irgendwann ist der Punkt erreicht, an dem das Pferd ganz auf die Seite fällt. Kurz bevor das passiert, sollte das entsprechende Kommando kommen.

Liegt es dann auf der Seite, ist wieder viel Lob und eine Pause gefragt. Nach einiger Zeit wird das Pferd sich auf Kommando vollständig hinlegen. Man sollte aber immer darauf gefasst sein, dass das Pferd plötzlich wieder aufspringt, weil es etwas gehört hat oder sich sonst in irgendeiner Form ängstigt. Vertraut das Pferd dem Menschen, wird es ruhig auf der Seite liegen bleiben.

Sitzen

Aus dem Liegen heraus lässt sich das Sitzen entwickeln. Das Pferd muss schließlich wieder aufstehen. Wenn man Pferde dabei beobachtet, kann man sehen, dass sie den Kopf/Hals zum Schwungholen benutzen. Der Kopf geht also nach oben und dann werden die Beine nach vorne gestreckt. Genau dieses Bewegungsmuster gilt es zu fordern und an entsprechender Stelle zu unterbrechen.

Kommt das Pferd aus dem vollständigen Liegen, gilt es zunächst, es wieder in eine aufrechte Position zu bringen. Reagiert es auf die Bewegung der Hand oder eines Leckerlis und folgt, ist es einfach, das Pferd wieder in die aufrechte Position zu bringen. Hierzu hockt man vor dem Pferdekopf auf dem Boden und führt die Hand langsam so, dass sich das Pferd wieder aufsetzt.

Um das Pferd in eine sitzende Position zu bringen, braucht man etwas mehr Abstand zum Pferdekopf, damit die vorgestreckten Beine des Pferdes genug Platz haben. Auch hier ist es am einfachsten, wenn das Pferd der Hand folgt. Diese wird leicht nach oben geführt. Sobald das Pferd die Beine nach vorne streckt, bekommt das Pferd eine Pause und viel Lob.

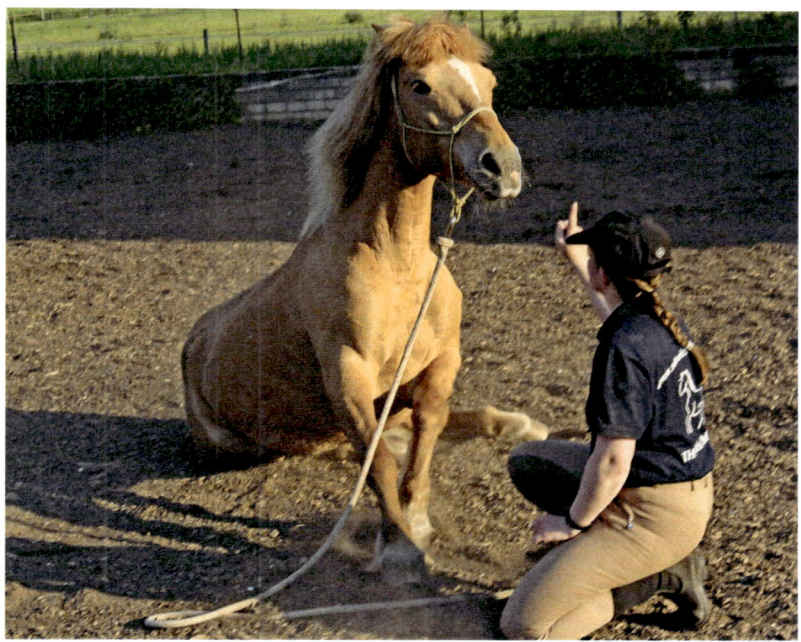

Um das Pferd in eine wirklich sitzende Position, wie auch ein Hund sitzen würde, zu bringen, wird die Hand ein Stück weiter nach oben geführt. Am Anfang wird das Pferd hier versuchen, den Schwung, den es dabei entwickelt, zum Aufstehen zu benutzen. Hier ist Geduld gefragt. Für das Pferd ist das eher eine unnatürliche und somit auch anstrengende Position. Man bedenke, welches Gewicht das Pferd vom Boden nach oben bewegen muss.

Auch diese Übung sollte nur dann durchgeführt werden, wenn das Pferd warm ist. Die eigene Position sollte so gewählt werden, dass sie von den Vorderbeinen weit genug entfernt ist, um nicht von diesen getroffen zu werden.

Hat das Pferd gelernt, der Hand zu folgen, wird auch das Sitzen kein Problem sein. Erreicht es diese Position, sind wieder viel Lob und eine Pause angesagt. Steht das Pferd vollständig auf, wird dieses Verhalten ignoriert und man beginnt zu einem späteren Zeitpunkt mit der Übung erneut.

Aufsteigen ohne Sattel

Es gibt immer mal wieder die Situation, auf sein Pferd aufsteigen zu müssen, ohne gerade eine Trittleiter geschweige denn Sattel zur Verfügung zu haben. Athletische Menschen können sich mit Schwung auf den Pferderücken bringen. Aber nicht jedem ist das möglich, zumal auch das Pferd für solch eine Aktion zu groß sein könnte.

Wenn man an Elefanten im Zirkus denkt, dann sieht man den Menschen über den Rüssel aufsteigen. Nun hat ein Pferd keinen Rüssel, aber warum sollte man nicht den Hals als Hilfsmittel benutzen?

Die Schwierigkeit besteht erst mal darin, dass das Pferd lernen muss, dem Druck nicht zu weichen. Es ist ganz natürlich, zumal wir es durch unsere Reiterei fördern, dass das Pferd dem Druck weicht. Somit ist es ein natürliches Verhalten des Pferdes, wenn es einen Druck auf der Oberseite des Halses spürt, den Hals bzw. Kopf nach unten zu bewegen. Dieses Verhalten muss an einer Stelle unterbrochen und in die Gegenrichtung gekehrt werden.

Wichtig ist hier, dass man sein eigenes Gewicht kritisch unter die Lupe nehmen sollte. Ist man zu schwer, wird das Pferd nicht in der Lage sein, einen über den Hals auf den Rücken zu befördern. Auch die Halsmuskulatur des Pferdes ist kritisch zu betrachten. Ist diese nicht sehr stark ausgeprägt, kann es dem Pferd eher schaden, als angenehm erscheinen, wenn man zusätzlich noch sein eigenes Gewicht auf den Hals bringt.

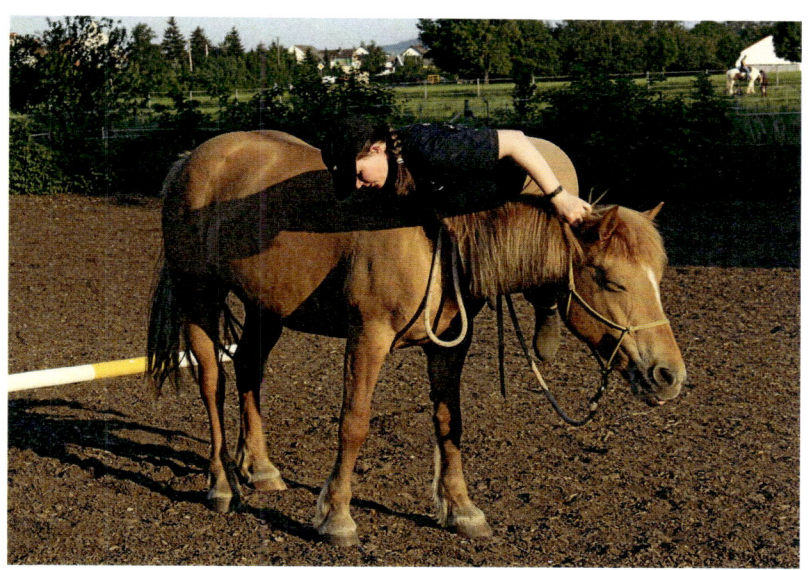

Der erste Schritt besteht darin, den Pferdekopf auf Kommando nach unten zu bewegen. Dies kann dadurch geschehen, dass man leichten Druck auf das Genick ausübt. Hat man bereits das „Ja-Sagen" mit dem Pferd geübt, sollte dies kein Problem darstellen. Als nächstes bringt man sein Gewicht auf dem Hals zum Liegen. Das Pferd wird hier erstmal den Hals weiter nach unten wegstrecken, um das Gewicht los zu werden. Hier gilt Annäherung und Rückzug. Nicht zu viel zu schnell in wenigen Minuten. Auch ist die eigene Position wichtig. Ist man zu weit vorne, wird der Kopf das Gewicht nicht nach oben bringen können. Ist die eigene Position zu weit hinten, ist es nicht möglich, sich weit genug über den Hals zu legen, so dass man sich vom Pferd nicht nach oben befördern lassen kann. Es gilt, den eigenen Bauchnabel auf den Hals zu bringen. Dies ist ungefähr die Mitte des eigenen Körpers, so dass man selber das Gleichgewicht besser halten kann.

Wo genau die eigene Position am Hals des Pferdes ist, kann man nicht vorgeben. Dies hängt auch mit der Länge des Pferdehalses zusammen. Hier gilt es, diese Position durch Versuch und Irrtum herauszubekommen.

Genauso wie das Pferd auf Kommando den Kopf runter nimmt, muss es ihn auf Kommando auch wieder rauf nehmen, sonst hängt man in der Schwebe und kommt nicht weiter.

Hat das Pferd die beiden Kommandos Kopf runter/Kopf rauf verstanden, kann man das Ganze in einen flüssigen Vorgang verwandeln:

Sobald man sein Gewicht auf den Hals des Pferdes gelegt hat, kommt das Kommando für das Pferd, den Kopf bzw. Hals nach oben zu bewegen. Es geht hier nicht darum, sich mit Schwung auf den Hals zu legen, das sollte ganz im Gegenteil ruhig passieren, auch um das Pferd nicht zu erschrecken.

Hebt das Pferd den Kopf bzw. Hals wird man durch diese Bewegung nach oben befördert. Im richtigen Augenblick gilt es hier, sich weiter in Richtung Rücken des Pferdes zu bewegen, so dass man in die Lage versetzt wird, ein Bein über den Rücken zu schwingen. Hier ist also auch die eigene Beweglichkeit gefragt.

Charakter: *Lernt ein Pferd sehr schnell, wird es hier weniger Schwierigkeiten haben, das Kommando zu verstehen. Ist das Pferd eher ängstlich, wird man viel Zeit darin investieren, dass das Pferd den Kopf runter nimmt und dabei Komfort findet. Auch sollte man sein eigenes Gewicht beachten. Nicht jedes Pferd ist in der Lage, das Reitergewicht auf dem Hals zu tragen.*

Balancieren über einer Stange

Um die Geschicklichkeit und Trittsicherheit eines Pferdes zu fördern, kann man in die Bodenarbeit auch das Balancieren über einer Stange einbauen. In diesem Zusammenhang stellt man das Pferd im ersten Schritt im 90 Grad Winkel zur Stange auf. Die Stange sollte einfach nur auf dem Boden liegen. Die Aufgabe besteht darin, die Pferdebeine einzeln über die Stange zu dirigieren, mit einer Pause nach jedem Schritt.

Sollte das Pferd eher zu den ängstlichen Tieren gehören, ist am Anfang die runde Stange durch eine flache Stange zu ersetzen, um die Verletzungsgefahr zu minimieren. Auf eine flache Stange kann sich das Pferd notfalls stellen, ohne Gefahr zu laufen, von der Stange abzurutschen.

Ein Pferd lernt schon relativ früh, wohin es die Vorderbeine und die Hinterbeine setzen kann. Bei Fohlen kann man beobachten, dass es mit den Hinterbeinen anfangs etwas schwieriger ist. Dies gibt sich aber mit fortschreitendem Alter und Erfahrung. Somit wird es auch bei dieser Übung mit den Vorderbeinen relativ einfach sein und bei den Hinterbeinen ein wenig Zeit brauchen. Die Pferde wissen meistens sehr genau, wo die Stange liegt, da sie anfangs geschickt die Füße daneben platzieren.

Es ist bei dieser Übung unerheblich, ob man das Pferd reitet oder das Ganze vom Boden aus durchführt. Als Reiter sollte man sich Hilfe holen, damit man besser erkennen kann, wo die Hinterbeine des Pferdes gerade sind, da ein Nachschauen von oben durch die entstehende Gewichtsverlagerung einen Schritt in die falsche Richtung auslösen kann. Gleichzeitig fördert es auch das eigene Bewusstsein, indem man versucht, die Position der Hinterbeine des Pferdes zu erspüren.

Um diese Übung korrekt ausführen zu können, ist es wichtig zu wissen, wann man die Vorwärtsbewegung des Pferdes unterbrechen muss, damit es nicht weiterläuft. Dies geschieht in der Regel, sobald das

Pferd ein Bein vom Boden gehoben hat und nicht erst, wenn die Vorwärtsbewegung schon durchgeführt wurde. Nach jedem Schritt ist eine Pause einzulegen, verbunden mit einem Lob.

Diese Übung lässt sich so verändern, dass das Pferd rückwärts über die Stange läuft und entsprechend einzeln die Füße setzt. Dies fördert das Vertrauen zwischen Mensch und Pferd.

Hat das Pferd diese Übung verstanden, wird die Stange auf den Boden gelegt und das Pferd geht rechts und links über der Stange entlang. Hier ist wieder die Vorübung des Setzens der einzelnen Füße hilfreich. Um die Sicherheit für das Pferd zu erhöhen, sollte die Stange auf dem Boden fixiert werden, damit sie nicht wegrollen kann.

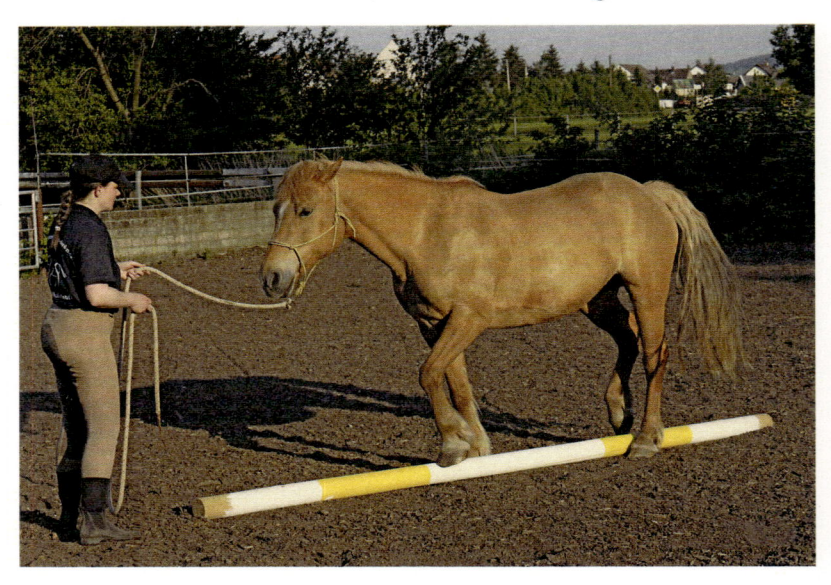

Man beginnt diese Übung damit, das Pferd gerade in Richtung Stangenende zu führen. Hat das Pferd gelernt, auf Kommando die Füße zu setzen, wird es hier möglich sein, zumindest die Vorderhufe rechts und links von der Stange zu platzieren. Durch ein langsames Vorwärtsgehen des Pferdes wird es mit den Hinterhufen in die Nähe der

Stange kommen. Hier ist Geduld gefragt. Am Anfang wird es die Hinterhufe entweder rechts oder links neben die Stange setzen, aber eher weniger eins rechts eins links. Sobald ein Hinterhuf richtig steht, bekommt das Pferd eine Pause und ein Lob. Wird der zweite Hinterhuf falsch gesetzt, schickt man das Pferd wieder zurück und versucht es erneut. Wird das Pferd nicht zurück geschickt, so dass man erneut anfangen kann, wird es die Hinterhufe immer beide auf einer Seite der Stange platzieren und nicht einen rechts einen links.

Um dem Pferd ein positives Erlebnis zu vermitteln, sollte man die Stange am Anfang nicht zu lang wählen. Ein kurzes Rundholz aus dem Baumarkt ist hier ausreichend. Die Stange sollte mindestens eine Pferdelänge lang sein, damit das Pferd den Zusammenhang verstehen kann.

Im Weiteren kann man dann eine Baubohle auf den Boden legen und das Pferd darauf balancieren lassen. Die Vorgehensweise ist genauso wie bei der Stange, nur dass hier das Pferd die Hufe auf die Baubohle setzen soll und nicht rechts und links daneben. Anfangen könnte man damit, dass man das Pferd im 90 Grad Winkel zur Baubohle aufstellt und die einzelnen Hufe auf die Baubohle gesetzt werden. Also entweder die beiden Vorderhufe oder die beiden Hinterhufe. In der Steigerung wird das Pferd dann längs zur Baubohle aufgestellt und kann damit alle vier Hufe gleichzeitig auf die Baubohle setzen.

Auch die Baubohle könnte man etwas erhöht legen, um ein Balancieren mit erhöhtem Schwierigkeitsgrad zu ermöglichen. Hier ist allerdings darauf zu achten, dass zum einen die Baubohle nicht allzu hoch ist und zum anderen genügend Stabilität vorhanden ist, damit das Pferd nicht durchbricht und sich dabei verletzt. Auch sollte sie gut fixiert werden, damit sie nicht von der Unterlage rutschen kann. Eine Erhöhung um 5 bis 10 cm ist hierbei ausreichend.

Es gilt hier wieder die gleiche Vorgehensweise wie auf dem Boden. Erst im 90 Grad Winkel einzeln die Vorderhufe und dann die Hinterhufe. Und erst wenn das gut geht, kann man das Pferd auch ganz auf diesen „Schwebebalken" schicken. Diese Übung ist vor allem für Ponys geeignet, da sie nicht so schwer sind.

Charakter: *Ist ein Pferd eher überschäumend in seinem Temperament, dann kann es passieren, dass das Pferd keine Notiz von der Stange nimmt und eher darüber stolpert als die Stange wahrzunehmen. Hierbei ist es wichtig, dass man das Pferd langsam an den Gegenstand auf dem Boden heranführt. Gerät ein Pferd schnell in Panik, sollte man am Anfang keine runde Stange nutzen, da das Pferd in Panik sich sehr leicht verletzen kann. Das Balancieren über der Stange sollte erst dann durchgeführt werden, wenn man die volle Aufmerksamkeit des Pferdes hat, da sonst die Verletzungsgefahr zu groß ist.*

Podest

Die Arbeit mit dem Podest hat mehrere Vorteile. Zum einen hilft sie einem eher ängstlichen Pferd, einen besseren Überblick über seine Umgebung zu bekommen, da es plötzlich höher steht, vorausgesetzt, es setzt zumindest die Vorderfüße auf das Podest. Des Weiteren werden die Trittsicherheit und Selbstsicherheit des Pferdes gestärkt.

Damit das Pferd überhaupt auf das Podest steigt, muss es damit erstmal vertraut gemacht werden. Es besteht hier die Möglichkeit, ähnlich wie mit der Pylone, das Podest einfach auf der Zirkelbahn zu platzieren, so dass das Pferd automatisch zum Podest kommt, wenn es auf dem Zirkel läuft. Bleibt es am Podest neugierig stehen und beschnuppert das Podest, lässt man das Pferd in Ruhe. Sobald es sich für das Podest nicht mehr interessiert, schickt man es wieder auf den Zirkel. Bei der nächsten Runde versucht das Pferd dann eventuell schon, auf das Podest zumindest mit einem Vorderfuß zu steigen.

Ist es auch nach mehreren Versuchen nicht möglich, in dem Pferd den Wunsch zu wecken, auf das Podest zu steigen, gibt es auch noch eine weitere Vorgehensweise. Man führt das Pferd an das Podest heran und bittet es, vorwärts zu gehen. Nicht gewünschtes Verhalten wird ignoriert, gewünschtes Verhalten mit Lob und Pause honoriert.

Es kann auch daran liegen, dass das Podest zu hoch ist oder eher kippelt, sobald das Pferd einen Fuß darauf stellt. Es ist sicherzustellen, dass das Podest einen festen Stand hat, um die Verletzungsgefahr zu minimieren. Als Abhilfe, wenn das Podest zu hoch sein sollte, kann man sich auch eine sogenannte Europalette besorgen. Hier muss nur die Oberseite mit Brettern verstärkt werden, damit eine durchgehende Fläche entsteht. Und schon ist ein Podest gebaut, das zum einen nicht so hoch ist und zum anderen nicht kippeln kann.

Ist das Pferd mit den Vorderfüßen auf dem Podest, gilt die gleiche Vorgehensweise auch für die Hinterfüße. Man sollte beachten, dass man das Pferd am Anfang nicht vorwärts vom Podest treten lässt, sondern es immer rückwärts wieder runterschickt. Das verhindert zum einen, dass das Pferd sich verletzt und hilft gleichzeitig, ein eventuelles fluchtartiges nach vorne Stürmen zu verhindern.

Die Übung mit dem Podest lässt sich so weit ausdehnen, dass man die Vorhand auf dem Podest platziert und die Hinterhand auf dem Boden um das Podest herum schickt. Oder umgekehrt die Hinterhand auf dem Podest platziert und die Vorhand um das Podest herum schickt. Auch lässt sich die Balance des Pferdes stärken, wenn man das Pferd auf dem Podest selber rotieren lässt. Das Pferd wird damit beweglicher.

Hat man das Vertrauen seines Pferdes, dann kann man z.B. einen Hund unter dem Pferd durchschicken, während das Pferd auf dem Podest steht. Ist kein Hund zur Hand, kann man auch selber unter dem Pferd durchkriechen. Dies aber erst dann, wenn das Pferd sowohl vertrauensvoll auf einem Podest steht als auch das Vertrauen zum Menschen besitzt.

Des Weiteren kann man auch mit dem Pferd zusammen auf das Podest steigen. Wer relativ sicher auf dem Pferd sitzt, kann auf den Sattel und eine Trense verzichten. Wer noch nicht so sicher ist, sollte das Pferd zumindest satteln. Auch unter dem Reiter kann man das Pferd entsprechend um die auf dem Podest platzierte Vorhand gehen lassen. Die Hinterhand sollte man in diesem Fall nicht auf dem Podest platzieren, weil die Position des Reiters nicht besonders gut für den Rücken des Pferdes wäre.

Vorteil Reiten: *Läuft ein Pferd vermehrt auf der Vorhand, lässt sich mit Podestarbeit die Hinterhand stärken, indem nur die Vorderbeine auf dem Podest platziert werden und das Pferd mit den Hinterbeinen auf dem Boden bleibt. Dies ersetzt nicht gymnastizierende Übungen, kann aber im Training unterstützend eingesetzt werden.*

Besteht keine Möglichkeit, ein Podest zu nutzen, kann man sich auch mit einem Pferdeanhänger behelfen. Siehe hierzu nächstes Kapitel.

Pferdeanhänger

Ein Pferdeanhänger muss nicht zwingend ausschließlich dazu benutzt werden, dass das Pferd von A nach B transportiert wird. Ganz im Gegenteil sollte man den Anhänger als einen Teil des Trainings mit dem Pferd betrachten und von Zeit zu Zeit in das Training einbauen.

Baut man den Pferdeanhänger in sein Trainingsprogramm mit ein, wird man sehr schnell feststellen, dass das Pferd kein Problem mehr mit dem Pferdeanhänger hat. Das Pferd wird dann feststellen, dass ein Anhänger nicht immer bedeutet, es muss von A nach B, sondern dass der Anhänger auch eine willkommene Pause darstellen kann.

Es gibt hier viele Möglchkeiten. So kann der Anhänger dazu benutzt werden, das Pferd im Seitwärts um ihn herum zu schicken. Oder wie wäre es mit Schulterherein um den Pferdeanhänger herum.

Die Rampe lässt sich wunderbar als Podestersatz verwenden. Wer sagt denn, dass das Pferd nicht auch von rechts nach links oder umgekehrt über die Rampe laufen kann?

Die Trittsicherheit und das Vertrauen lassen sich dadurch fördern, dass man das Pferd rückwärts in den Pferdeanhänger schickt.

Charakter: Ist das Pferd eher ängstlich, dann wird es im Pferdeanhänger panisch reagieren. Nutzt man den Pferdeanhänger für diese Pferde als tägliche Trainingseinheit, in den es rein laufen kann, aber nicht muss, wird diese Angst nach und nach verschwinden. Es ist nicht sinnvoll, erst dann mit dem Training diesbezüglich zu beginnen, wenn ein Transport kurz bevorsteht. Ist ein Pferd eher futterorientiert, dann lässt sich das Pferd dadurch belohnen, dass vorne im Pferdeanhänger z.B. ein Heunetz befestigt ist, an welches das Pferd nach erfolgreichem Einstieg in den Pferdeanhänger herankommen kann.

Es ist immer von Vorteil, wenn man von Zeit zu Zeit überprüft, ob das Pferd auf den Anhänger geht. Nichts ist schlimmer, als wenn das Pferd in einer Notsituation nicht auf den Anhänger geht und somit z.B. die ärztliche Behandlung nicht stattfinden kann, weil man das Pferd nicht in die Klinik transportieren kann.

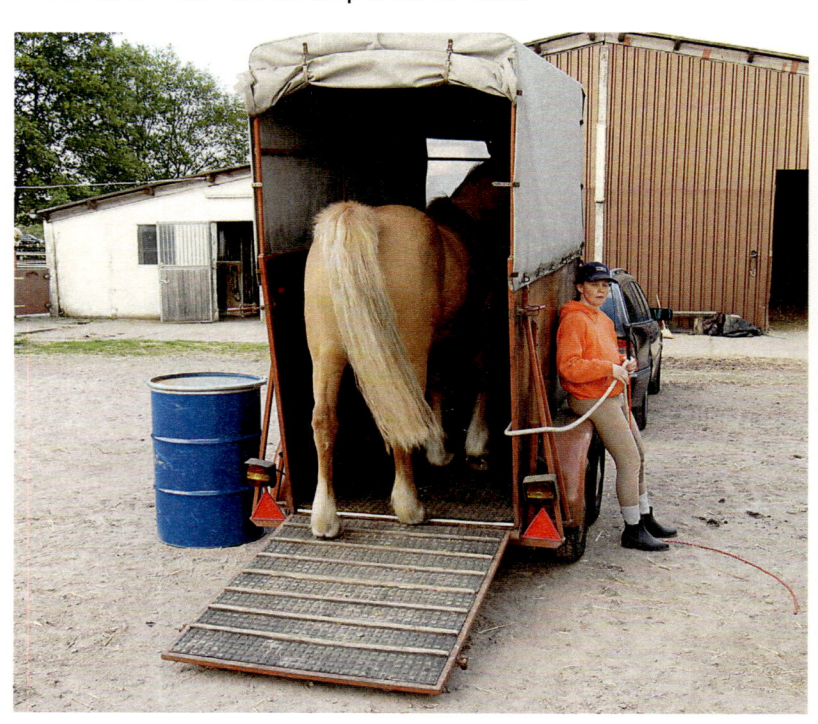

Hilfreich ist es, wenn man weiß, ob das Pferd eher Schwierigkeiten damit hat, in den Pferdeanhänger rein oder aber raus zu gehen. Nicht jedes Pferd geht begeistert rückwärts, zumal, wenn es nicht weiß, wo es sich bzw. was sich hinter ihm befindet.

Stürmt ein Pferd sofort aus dem Pferdeanhänger hinaus, sobald die Stange entfernt ist, kann dies durchaus Unsicherheit bedeuten. Man sollte dieses Pferd wieder in den Pferdeanhänger hineinschicken und so lange die Übung wiederholen, bis es einmal ruhig aus dem Pferdeanhänger hinausgegangen ist.

Erst wenn ein Pferd sich selber verlädt, es also selbständig und ruhig in den Pferdeanhänger hinein und wieder hinaus geht, kann man diese Übung als erfolgreich ansehen. Es gilt aber auch hier, es ab und an zu wiederholen, damit das einmal Gewonnene nicht wieder verloren geht.

Es gibt Pferde, die haben Probleme, ihre Vorhand in den Anhänger zu bringen und andere, die Schwierigkeiten haben, ihre Hinterhand in den Anhänger zu bringen. Je nachdem, zu welcher Kategorie das Pferd gehört, ist die Vorgehensweise unterschiedlich.

Hat das Pferd eher Schwierigkeiten, die Vorhand in den Anhänger zu bringen, ist die Übung folgendermaßen aufzubauen: Der Anhänger steht beispielsweise wieder im Weg, wie auch vorher schon bei den Übungen Podest oder Pylone beschrieben. Bleibt das Pferd vor dem Anhänger stehen und beschnuppert ihn neugierig, bleibt die eigene Haltung neutral, also kein Druck, keine Aufforderung, einfach nur abwarten. Sobald das Pferd das Interesse am Anhänger verliert, wird es wieder auf die Zirkellinie geschickt. Weicht es dem Anhänger ständig aus, sollte man ihm die Zirkellinie so verkürzen, das es zwingend zum Anhänger laufen muss bzw. nicht mehr daran vorbeilaufen kann. Somit steht man selber an der Rampe und nimmt das Seil entsprechend kürzer, so dass es nicht an der Rampe vorbeilaufen kann. Hat das Pferd beide Vorderbeine auf der Rampe, ist die Übung für den Tag abzuschließen. In der nächsten Trainingseinheit kann man dort weitermachen.

Das Pferd hat dann gelernt, dass es nicht zwingend in den Anhänger muss, nur weil der Anhänger im Training eingesetzt wird. Dies gibt dem Pferd Vertrauen.

Ist es auch mit verkürztem Seil nicht möglich, das Pferd in den Anhänger zu bekommen, wird der Druck hinter dem Pferd leicht erhöht. Zu diesem Zweck kann man mit einer Longierpeitsche hinter dem Pferd den Boden berühren. Es ist hier nicht erforderlich, das Pferd selber zu berühren. Bleibt man selber ruhig, dann wird auch das Pferd diese Ruhe übernehmen und seine Vorhand auf die Rampe setzen.

Hat das Pferd eher Schwierigkeiten seine Hinterhand in den Anhänger zu bewegen, sollte man die Übungen mit unterschiedlichen Untergründen vorweg nehmen. Meist liegt es daran, dass das Pferd unsicher ist, die Hinterhand auf den unsicheren Untergrund der Rampe zu setzen. Hilfreich kann es hier auch sein, den Anhänger an einen Abhang zu stellen, so dass die Rampe fast waagerecht ist. Ansonsten ist die Vorgehensweise die gleiche. Das Pferd hat den Anhänger im Weg und somit nur die Möglichkeit, auf die Rampe zu treten. Solange es neugierig ist, verhält man sich neutral. Ist es das nicht mehr, wird es rückwärts von der Rampe und dann wieder auf den Zirkel geschickt. Sobald das Pferd nicht mehr neugierig ist und noch nicht auf der Rampe steht, wird hinter dem Pferd Druck gemacht. Steht das Pferd mit allen vier Hufen auf der Rampe, ist die Übung für den Moment beendet und wird zu einem späteren Zeitpunkt fortgeführt.

Lässt sich das Pferd trotz dieser Maßnahmen nicht auf den Anhänger bringen, sollte die Vorgehensweise überprüft werden. Zum einen ist es bei 2-Pferde-Anhängern möglich, die Begrenzung in der Mitte zu entfernen. Damit sieht der Kasten für das Pferd größer und somit weniger bedrohlich aus. Zum anderen kann man das Pferd rückwärts auf den Anhänger schicken. Dies ist vor allem bei Pferden, die Schwierigkeiten mit der Hinterhand haben, sinnvoll.

Verbindet das Pferd mit dem Anhänger nicht mehr zwingend einen Ortswechsel, wird es auch besser auf den Anhänger gehen. Pferde sind klaustrophobisch und ein Anhänger ist ein dunkler Kasten, in dem sie nicht nach vorne wegrennen können, wenn sie flüchten möchten. Auch können sie schlecht sehen, wohin dieser wackelnde Kasten fährt.

Decke runterziehen

Rein aus dem Spaßfaktor heraus kann man dem Pferd beibringen, sich selber eine Decke vom Rücken zu ziehen. Hier sollte darauf geachtet werden, dass das Pferd nur eine bestimmte Decke vom Rücken zieht, ansonsten wird man beim nächsten Satteln in Schwierigkeit geraten, wenn das Pferd die Satteldecke immer wieder vom Rücken zieht.
Mit dem entsprechenden Kommando wird das Pferd nach und nach lernen, sich die Decke vom Rücken zu ziehen.

Als Vorübung hilft hier die Biegung zur Flanke hin. Hat das Pferd bereits gelernt, dass es im Bereich der Flanke ein Leckerli gibt, wird es auch das Leckerli, an der Decke befestigt, als lohnenswertes Objekt betrachten. Wenn es dabei an der Decke zieht, wird es mit Lob überschüttet. Auch hier gilt wieder, dass der kleinste Versuch gelobt wird und Misserfolge ignoriert werden.

Die Decke sollte am Anfang relativ klein ausfallen und gut erreichbar sein. Die Hand wird nun in Richtung Decke geführt, der Kopf des Pferdes sollte dabei folgen. Dann gibt man das entsprechende Kommando und lässt die Hand an der Decke ruhen. Hat man ein Leckerli in der Hand, ist das Leckerli so zu halten, dass das Pferd zusammen mit dem Leckerli auch die Decke erwischt. Wird die Übung ohne Leckerli durchgeführt, gilt es, den Pferdekopf zur Decke zu leiten. Man zieht dann leicht an der Decke und gibt dem Pferd somit die Idee, die Decke herunterzuziehen. Auch hier wird das Kommando benötigt und sobald das Pferd an der Decke zieht, folgt das Lob.

Die Decke wird am Anfang so gelegt, dass schon ein leichtes Ziehen zum Erfolg führt. Am Ende kann es soweit gehen, dass das Pferd auch eine Decke, die rechts und links auf den Boden hängt, vom Rücken zieht.

Charakter: *Ein Pferd, das eher schnell lernt, wird mit dieser Übung keine Schwierigkeiten haben. Beachten sollte man bei diesen Charakteren, dass nur eine bestimmte Decke zum Lob führt. Pferden, die eher langsam neue Dinge lernen, sollte am Anfang nur eine kleine Decke auf den Rücken gelegt werden, damit sie sehr schnell zum Erfolg und damit zum Lob kommen.*

Ball spielen

Die Palette dessen, was einem Pferd an Abwechslung zu bieten ist, lässt sich mit Ball spielen erweitern. Hat man schon die Übung mit „Nase auf Gegenstand" erfolgreich durchführen können, wird es mit dem Ball spielen auch nicht allzu schwierig werden.

Benutzt werden sollte ein Ball, der das Pferd nicht dazu verleitet, mit den Vorderfüßen auf den Ball zu steigen. Hier ist die Gefahr zu groß, dass der Ball unter dem Gewicht platzt und damit eine Panik beim Pferd auslöst. Ein erneutes Heranführen an einen Ball nach einem vergleichbaren Ereignis wird sich nur mit erheblichem Zeitaufwand und erneutem Vertrauensaufbau erreichen lassen.

Der Ball selber kann auf unterschiedliche Arten bewegt werden. Es ist möglich, dem Pferd beizubringen, den Ball mit der Nase oder der Vorhand zu bewegen. Genauso ist es möglich, das Pferd rückwärts an den Ball zu führen, so dass es den Ball mit der Hinterhand bewegen kann.

Der Fantasie sind auch hier keine Grenzen gesetzt. Der Ball kann als Schrecktraining eingebaut werden, indem man den Ball neben dem Pferd springen lässt und ihn gegen den Bauch des Pferdes springen lässt. Auch lässt sich der Ball so bewegen, dass er auf dem Rücken zu liegen kommt.

Auch kann man mit dem Pferd regelrecht Ball spielen, indem man den Ball zum Pferd kickt und das Pferd den Ball wieder zurück kickt.

Ist diese Übung verstanden, kann man zu kleinen Bällen übergehen, wie z.B. Fußbällen und hier ein regelrechtes Fußballspiel entwickeln. Ist ein weiteres Pferd mit dem Ball vertraut, können auch zwei Pferde untereinander Fußball spielen.

Ein Ball, dessen Durchmesser größer ist als die Bodenfreiheit zwischen Boden und Pferdebauch, ist ausreichend. Bei dieser Größe Ball ist die Gefahr gering, dass das Pferd mit einem Vorderhuf auf dem Ball steht.

Über Annäherung und Rückzug gewöhnt man das Pferd an den Ball.

Ich halte mein Pferd an einem langen Seil und bewege den Ball langsam auf das Pferd zu, indem ich den Ball auf dem Boden zu ihm hinrolle. Dabei ist darauf zu achten, dass der Kontakt zum Ball nicht verloren geht, damit man ihn jederzeit wieder vom Pferd wegbewegen kann. Solange das Pferd neugierig zum Ball schaut, wird der Ball auf das Pferd zubewegt. Sobald das Pferd ängstlich reagiert, wird der Ball wieder vom Pferd wegbewegt. Dies wird so lange durchgeführt, bis das Pferd Vertrauen zum Ball aufgebaut hat und man mit dem Ball das Pferd überall berühren kann.

Ist das Pferd dem Ball gegenüber nicht mehr ängstlich, kann man zum zweiten Teil der Übung übergehen. Hier besteht die Möglichkeit, das Pferd in Richtung Ball zu schicken, so dass es mit der Vorhand den Ball berührt. In dem Moment der Berührung kommt das Kommando. Auch kann man den Ball auf die Vorhand des Pferdes zurollen. Manche Pferde begreifen hier schnell, dass sie denn Ball zurückrollen sollen. Sollte das nicht der Fall sein, kann man das Pferd wieder auffordern vorwärts zu gehen. Dadurch wird der Ball automatisch in Bewegung gesetzt.

Es spielt keine Rolle, ob das Pferd eher mit der Vorhand oder eher mit der Nase den Ball bewegt, solange der Ball berührt wird.

Ist ein Pferd vertrauensvoll seinem Menschen gegenüber, kann man das Pferd auch rückwärts zum Ball schicken. Trifft es dann gegen den Ball, kommt das Kommando und ein Lob.

Charakter: *Ein eher ängstliches Pferd wird eine Zeitlang und viele Wiederholungen benötigen, bis es den Ball als ungefährlich akzeptieren kann. Ein eher verspieltes Pferd wird versuchen, auf den Ball zu steigen. Hier ist es nötig, dass der Ball entsprechend groß ist, so dass diese Gefahr nicht besteht.*

Wippe

Um die Geschicklichkeit eines Pferdes zu testen bzw. zu verbessern, eignet sich eine Wippe. Hierzu legt man ein breites stabiles Brett auf eine Stange. Die Stange sollte man fixieren, damit das Brett nicht herunter rutschen kann und somit eine Gefahr für das Pferd darstellen würde. Diese Konstruktion lässt sich später erhöhen, so dass es zu einer größeren Herausforderung für das Pferd wird. Die Konstruktion muss so gewählt sein, dass das Pferd das Brett nicht durchbrechen kann.

Hat das Pferd schon die Übung mit der Baubohle kennengelernt, ist es bereits mit dem Untergrund vertraut. Wenn nicht, sollte man das Brett erst flach auf den Boden legen, bevor man eine Stange darunter legt.

Man sollte keine Wunder von seinem Pferd erwarten. Steht es am Anfang mit allen vier Füßen auf dem Brett, ist schon ein großer Schritt getan. Es ist hier darauf zu achten, dass das Pferd nicht seitwärts vom Brett herunter geht.

Erst wenn das Pferd sicher mit allen vier Füßen auf dem Brett steht, kann man es langsam, Schritt für Schritt, über den Kipppunkt der Wippe bewegen. Das Pferd wird aufgefordert, Schritt für Schritt nach vorne zu gehen. Sollte es nicht über den Kipppunkt der Wippe gehen, führt man das Pferd rückwärts wieder herunter. Auf die eigene Sicherheit ist zu achten, da es sein kann, dass das Pferd zur Seite springt, sobald die Wippe unter ihm kippt. Deswegen sollte am Anfang nur eine flache Stange unter die Wippe gelegt werden, damit der Unterschied von einer Seite zur anderen nicht allzu groß ist.

Ist das Pferd sicher ein paar Mal über den Kipppunkt gegangen, kann man es rückwärts über die Wippe schicken. Auch hier gilt wieder: Viel Lob und eine Pause, sobald es die Übung richtig gemacht hat.

Ziel ist es hier, dem Pferd Sicherheit auf sich änderndem Boden zu bieten und gleichzeitig das Vertrauen in den Menschen zu stärken.

Charakter: *Ein eher ängstliches Pferd wird eine vertrauensvolle Begleitung benötigen, um überhaupt auf die Wippe zu treten. Für diese Pferde ist es wichtig, dass jeder Schritt in die richtige Richtung gelobt wird und dass es viele Wiederholungen gibt. Pferde, denen der Untergrund egal zu sein scheint, sind hier gefordert, wenn sie nicht gleich über die Wippe stürmen können, sondern jeden Schritt einzeln setzen müssen. Bis dahin, dass sie wirklich vor und zurück gehen und damit auf der Wippe wippen.*

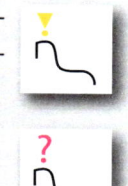

Richtig Spaß macht es dann, wenn das Pferd auf der Wippe wirklich wippt. Der Höhepunkt besteht darin, dass das Pferd nur mit Gewichtsverlagerung wippt, also keine Schritte über dem Kipppunkt durchführt.

Seil springen

Als Schrecktraining lässt sich Seil springen in das Training mit aufnehmen. Hierbei spielt es keine Rolle, wer Seil springt. Es kann der Mensch sein, im fortgeschrittenen Stadium aber auch das Pferd.

Ausrüstung: Es werden ein Halfter und Seil benötigt, was dem Pferd keine Unannehmlichkeiten bereitet. Der Karabinerhaken des Seiles sollte nicht gegen den Kopf des Pferdes schlagen. Des Weiteren benötigt man einen Helfer, der das Seil am anderen Ende festhält und schwingt.

Für das Pferd kann es ein Problem darstellen, wenn etwas an seinem Kopf vorbeischwingt. Das ist ein gutes Schrecktraining, denn es hat nichts weiter zu tun, als ruhig stehen zu bleiben.

Das Seil wird am Halfter befestigt. Je leichter das Seil, desto angenehmer für das Pferd. Der Helfer stellt sich seitlich neben das Pferd, damit das Seil nicht gegen den Kopf schlagen kann. Bleibt das Pferd beim Schwingen des Seiles nicht ruhig stehen, gilt Annäherung und Rückzug. Sobald das Pferd dann wieder stehen bleibt, wird das Seil nicht mehr geschwungen. Dies führt man solange durch, bis sich das Pferd durch das Schwingen des Seiles nicht mehr gestört fühlt. Dann kann man selber „Seilspringen".

Schwieriger wird es dann, wenn man das Pferd Seil springen lassen möchte. Hierzu gibt es zwei Möglichkeiten. Entweder man besorgt sich zwei Helfer, die das Seil entsprechend um das Pferd schwingen, wobei man selber das Pferd entsprechend führt. Oder aber, man setzt sich auf sein Pferd und springt gemeinsam mit dem Pferd.

Das Pferd wird nicht wie der Mensch wirklich springen. Stattdessen wird es nur über das Seil laufen. Das eigentliche Training besteht darin, dass das Pferd sich nicht an dem Seil stört. Selbst dann nicht, wenn es zwischen den Beinen hängen bleiben sollte.

Es ist darauf zu achten, dass das Pferd keine Schwierigkeiten mit Seilen hat, die um die Beine schwingen, sonst wird das Pferd eher panisch davon rennen. Ist dies der Fall, gilt es erst, das Pferd an das Seil zu gewöhnen.
Auch hier gilt wieder Annäherung und Rückzug. Am Anfang berührt man das Pferd mit dem Seil überall. Sobald das Pferd dies ruhig mitmacht, kann man das Seil um den Körper des Pferdes schwingen. Das Pferd sollte dabei mit dem Seil nicht geschlagen, sondern vom Seil nur sanft berührt werden. Bleibt auch hier das Pferd ruhig stehen, kann man das Pferd als erstes über das Seil gehen lassen, welches man vorher auf den Boden gelegt hat.

Der nächste Schritt besteht dann darin, dass die beiden Helfer das Seil jeweils an ihrem Ende leicht anheben. Das Mittelstück des Seils bleibt nach wie vor auf dem Boden. Läuft auch hier das Pferd ruhig über das Seil, kann der nächste Schritt in Angriff genommen werden.

Man lässt jetzt das Pferd über das Seil laufen und schwingt es dann von hinten über das Pferd nach vorne und lässt das Pferd erneut über das Seil laufen.

Ohne Helfer lässt sich die Übung erst dann durchführen, wenn man in der Lage ist, sein Pferd ohne eine direkte Verbindung zum Pferdekopf, also nur mit Schenkelhilfen zu reiten. Auch wird ein Seil benötigt, das eine gewisse Steifigkeit hat, sonst kann man von seiner reitenden Position das Seil nicht unter dem Pferd nach hinten hindurchbewegen. Reiterliches Geschick ist hier im allgemeinen gefragt, da man sich auf dem Pferd vor und zurück schwingen muss, um das Seil unter dem Pferd hindurchzubewegen.

Vorteil Reiten: *Hier zeigt sich dann, inwieweit man in der Lage ist, nur mit Gewichtshilfen sein Pferd vorwärts zu bewegen. Es schult die eigene Koordination, einen ausbalancierten Sitz und trainiert das Vertrauen des Pferdes.*

> **Charakter:** Ein Pferd, das sich schnell ablenken lässt, sollte man für den Notfall über eine Trense wieder „einfangen" können. Hier ist die eigene Geschicklichkeit gefragt, um einen Sturz vom Pferd zu vermeiden. Eher ängstliche Tiere sollten erst den Umgang mit einem Seil z.B. über Doppellonge kennen lernen, bevor man sie an das Seil springen heranführt.

Stangensalat

Aus der klassischen Reitlehre kennt man die Stangenarbeit. Hier werden im bestimmten Abstand Stangen oder Cavaletti auf den Boden gelegt, damit das Pferd Taktreinheit lernen kann.

Als Vorbereitung für das Reiten im Gelände ist dies nur bedingt möglich. Im Gelände wird man kaum die Stangen im richtigen Abstand finden, um z.B. darüber traben zu können.

Hier hilft ein Stangensalat. Es kann eine beliebige Anzahl Stangen oder auch Cavaletti genommen werden, die durcheinander auf den Boden gelegt werden. Ziel ist es, die Trittsicherheit und die Aufmerksamkeit des Pferdes zu erhöhen.

Hierbei spielt es keine Rolle, ob das Pferd über die Stangen geführt, geschickt oder geritten wird, solange man das Pferd nicht wild durch den Stangensalat springen/laufen lässt, um das Verletzungsrisiko zu minimieren.

Als Vorübung kann man Figuren aus der Westernreiterei nehmen. Hier gibt es viele Aufgaben mit Stangen, z.B. rückwärts durch ein Stangen-L. Auch eine Drehung in einem Stangen-Rechteck wird in Trailaufgaben verlangt.

Ein Cavaletto bietet mehr, als nur einfach das Pferd darüber treten oder springen zu lassen. Man kann das Pferd davor anhalten, man kann es seitwärts vor, über oder hinter dem Cavaletto laufen lassen. Das Pferd kann rückwärts über das Cavaletto laufen.

Ein Pferd, das bei dieser Aufgabe den Kopf nach unten streckt, ist bei der Sache. Es ist neugierig und schaut, wo es die Füße hinsetzen kann. Fördern kann man diesen Verhalten durch Ruhe und ein Lob an der richtigen Stelle. Auch eine Pause kann das Vertrauen des Pferdes stärken. Es merkt dann sofort, dass es seine Sache richtig macht, dass es lernen und ausprobieren kann, ohne dass es gleich vom Menschen korrigiert wird.

Mögliche Figuren:

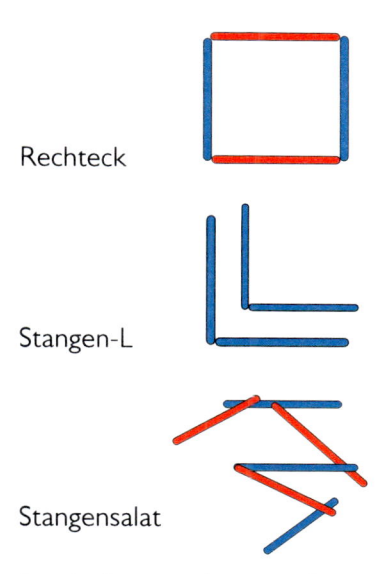

Rechteck

Stangen-L

Stangensalat

Am Anfang werden zwei Stangen übereinander gelegt. Das Pferd wird an diese Stangen herangeführt. Man fordert es auf, über die Stangen zu gehen. Voraussetzung ist ein ruhiges Pferd. Ist es eher nervös bei neuen Dingen, reicht eine Stange am Anfang aus. Geht das Pferd nicht über die Stangen, kann man vor dem Pferd hergehen und es folgen lassen. Ist die Übung vom Boden aus sicher, kann man sie aus dem Sattel heraus erneut durchführen.

Nun ist es möglich, mehrere Stangen auf dem Boden kreuz und quer durcheinander zu legen und das Pferd erneut darüber zu führen oder zu schicken. Es wird mit der Zeit sicherer werden und sich selbständig einen Weg über den Stangensalat suchen. Ist dies im Pferd verankert, gibt es auch bei einem Waldritt keine Schwierigkeiten, sollten dort Baumstämme auf dem Boden liegen, die es zu überqueren gilt.

Die Stangen lassen sich durch ein Cavaletto ersetzen. Das Cavaletto muss am Anfang nicht in der höchsten Stufe aufgestellt werden. Es geht nur darum, dass das Pferd sicher über das Cavaletto tritt. Ist dies der Fall, kann man das Pferd rückwärts über das Cavaletto schicken. Ob man das Pferd dabei führt oder reitet, ist wieder nebensächlich. Dies steigert man soweit, bis das Cavaletto in der höchsten Stufe aufgestellt ist. Beim rückwärts Richten ist darauf zu achten, dass das Pferd sich nicht verletzt. Hier ist Vertrauen gefragt.

Wie oben schon beschrieben, kann man Stangen oder Cavaletto auch dazu benutzen, dass Pferd seitwärts um die Gegenstände treten zu lassen. Oder auch seitwärts über die Stange – oder mal davor, mal dahinter anhalten und eine Pause einlegen. Der Fantasie sind hier fast keine Grenzen gesetzt.

Tore öffnen

Auch diese Übung findet man vielfach in Trailaufgaben in der Westernreitszene wieder. Aber nicht nur dort kann man immer wieder in die Situation geraten, dass man ein Tor öffnen muss und sei es nur das von der Halle, in der man reiten möchte.

Natürlich hat man immer die Möglichkeit, vom Pferd zu steigen und das Tor aufzumachen. Aber selbst, wenn man nicht reitend das Tor passiert, wer sagt denn, dass man immer nur vorwärts durch ein Tor gehen kann?

Ist man geübter mit der Handhabung des Öffnens und Schließens, kann man sich an die Westernvorgabe halten, dass man das Tor nicht loslassen darf. Hierzu gibt es zwei Möglichkeiten, wie man das Tor passieren kann: Man öffnet es und zieht das Tor zu sich oder man drückt das Tor auf. Je nachdem, welchen Weg ich wähle, muss ich erst vorwärts gehen und dann eine Vorhandwendung durchführen oder erst die Vorhandwendung durchführen und dann vorwärts gehen. Welche der beiden Methoden die angenehmere ist, muss man ausprobieren. Man sollte aber immer beide Methoden üben, da nicht jedes Tor in die gleiche Richtung zu öffnen ist.

Die Vorteile für das Reiten sind vielfältig. Zum einen wird die Vorhandwendung geübt. Auch der eigene Sitz und die eigenen Gewichtshilfen werden hier geschult. Führt man die Übung langsam durch, kann man jeden Schritt des Pferdes einzeln setzen und somit einen flüssigen Ablauf erreichen.

Führt man das Pferd, dann ist es eine gute Möglichkeit, nicht jedes Tor gleich zu passieren. Schon aus der Boxentür kann man das Pferd rückwärts hinaus schicken. Das nächste Tor ist vielleicht breit genug, dass man seine Position ändern kann, indem man z.B. auf Höhe der Schulter mit dem Pferd mitläuft. Pferd und Mensch können beide rückwärts durch ein Tor gehen. Hier sind der Fantasie keine Grenzen gesetzt.

Wichtig: *Generell sollte man davon Abstand nehmen, dem Pferd beizubringen, die Tore selbständig zu öffnen. Ich habe schon einige Pferde gesehen, die hier wahre Kunststücke vollbringen. Ronja hat es beispielsweise einmal geschafft, eine Kette, die mit einem Karabinerhaken gesichert war, zu öffnen.*

Um ein Tor vom Pferd aus öffnen zu können, ist es erforderlich, dass man parallel zum Tor zum Stehen kommt. Ist Platz genug vorhanden, kann man schon so an das Tor heranreiten. Ist kein Platz vorhanden, reitet man im rechten Winkel auf das Tor zu und führt am Tor eine Vorhandwendung durch, so dass man parallel zum Tor zum Stehen kommt.

Je nach Tor wird es jetzt aufgeschoben oder aufgestoßen bzw. aufgezogen. Ob man dann das Tor wieder loslässt, hängt auch vom Tor ab, ob es in diesem Fall zurück schwingen würde. Ansonsten reitet man durch das Tor hindurch, reitet erneut parallel zum Tor und schließt es wieder.

Soll das Tor festgehalten werden, gibt es – wie schon oben erwähnt – zwei Möglichkeiten. Entweder man zieht das Tor zu sich. Dann folgt die Vorhandwendung. – Dann vorwärts durchreiten und dabei das Tor zuziehen.

Wird das Tor im Gegensatz dazu in die andere Richtung geöffnet, reitet man erst durch das geöffnete Tor hindurch. Es wird dabei so weit geöffnet, dass für die Vorhandwendung des Pferdes genügend Platz ist. Sobald man durch das Tor hindurch ist, reitet man die Vorhandwendung und schließt anschließend das Tor wieder, indem man parallel zum Tor reitend zurück zur Ausgangsposition geht.

Bei beiden Varianten wird die Hand, die das Tor hält, nicht starr an einem Punkt festgehalten, sondern sie rutscht am Tor entlang, entsprechend dem Abstand zum Tor.

Auch vom Boden lässt sich diese Übung durchführen. Wobei man hier die Hilfen so gibt, als ob man auf dem Pferd sitzen würde und entsprechend das Pferd parallel zum Tor laufen lässt bzw. durch eine Vorhandwendung einen Richtungswechsel herbeiführt.

Spazierengehen

Wenn wenig Zeit vorhanden ist oder wenn man keine Möglichkeit zum Reiten hat, dann ist es von Vorteil, wenn man mit dem Pferd das Spazierengehen trainiert hat.

Bevor man sich in de große Weite des Geländes wagt, sollte man auf einem eingezäunten Platz oder in einer Halle die Vorarbeit leisten. Nicht jedes Pferd folgt willig seinem Menschen, wenn dieser vor ihm geht. Wie kurz oder lang dabei das Seil ist, hängt vom Ausbildungs- bzw. Vertrauensstand zwischen dem Pferde/Mensch-Paar ab.

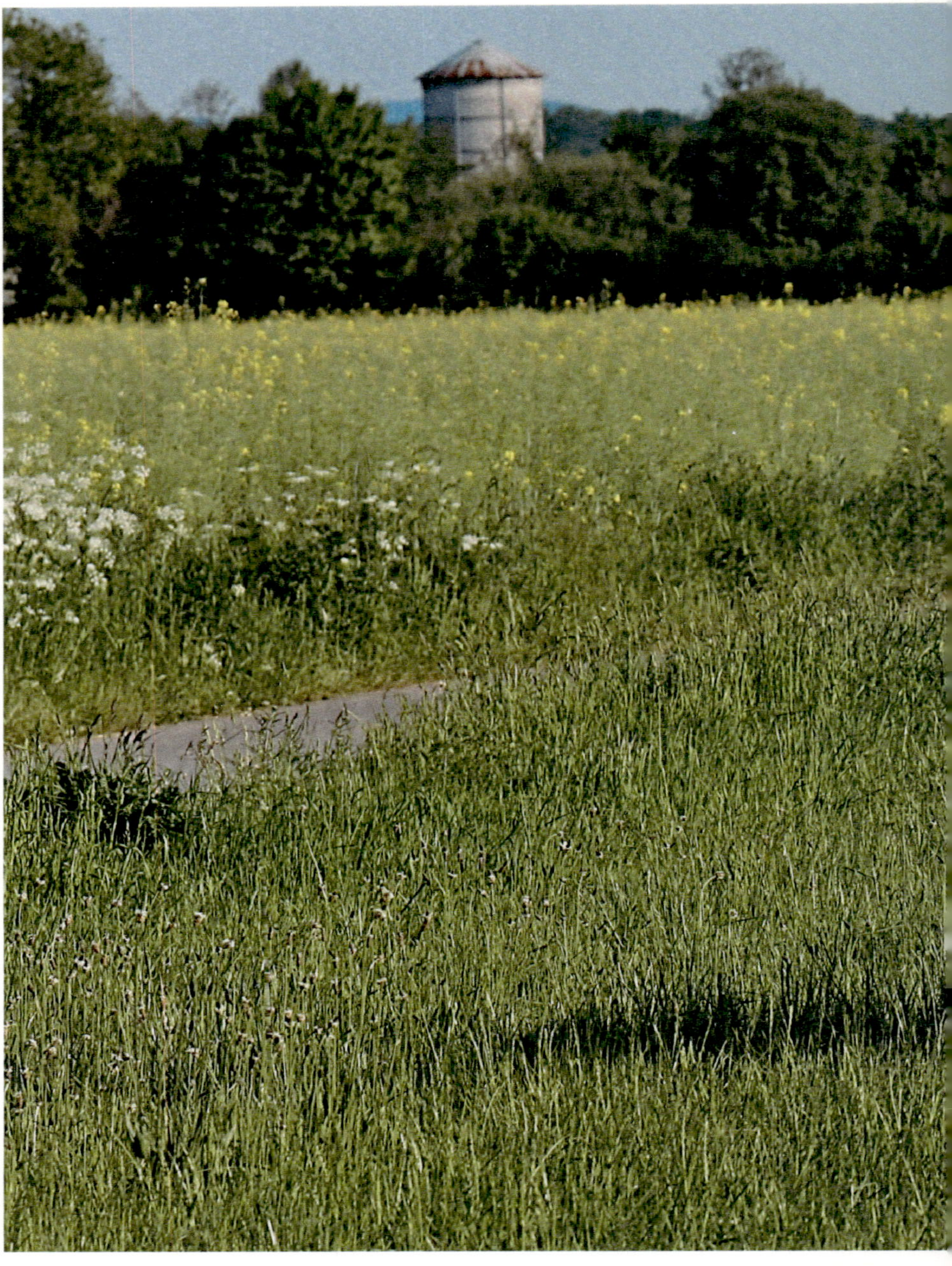

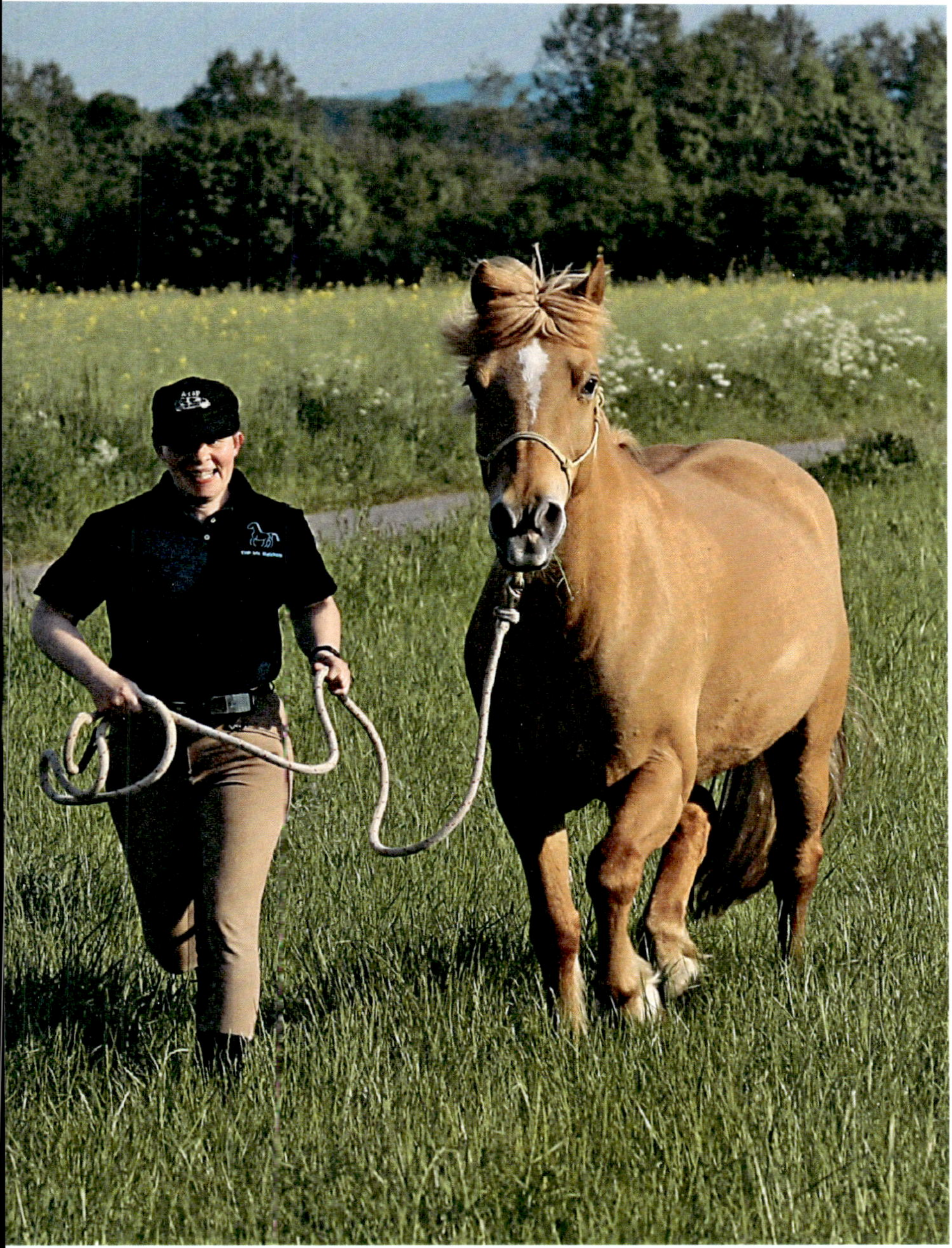

Je größer das Vertrauen zwischen Mensch und Pferd, desto kürzer kann der Abstand sein. Dabei geht es nicht darum, das Pferd direkt am Karabinerhaken festzuhalten und neben dem Pferd laufend, es kontrollieren zu wollen, sondern darum, vor ihm herlaufen zu können, ohne dass man selber umgerannt wird.

Ein Pferd ist ein Fluchttier und wird immer versuchen nach vorne wegzurennen, wenn der vermeintliche Angriff nicht gerade aus dieser Richtung stammt. Ein Pferd hat ein wesentlich besseres Gehör als wir Menschen, auch kann es besser sehen. Nur weil wir etwas nicht sehen oder hören oder vielleicht auch riechen können, heißt es noch lange nicht, dass das Pferd es auch nicht kann.

Ist das Pferd angespannt, weil es Gespenster sieht, dann ist es unsere Aufgabe, ruhig und gelassen zu bleiben und dieses Verhalten einfach zu ignorieren. Das bedeutet aber gleichzeitig, dass wir uns weder vom Verhalten des Pferdes anstecken lassen dürfen, noch, dass wir das Pferd aus unserem Blickfeld verlieren. Spannen wir uns ebenfalls an, dann bekommt das Pferd die Bestätigung, dass wirklich etwas Gefährliches vorhanden ist. Bleiben wir ruhig und verlieren die Verbindung zum Pferd, kann es leicht passieren, dass es uns davon läuft, weil wir im entscheidenden Augenblick nicht aufmerksam waren.

Lachen, singen, sprechen kann in vergleichbarer Situation hilfreich sein, aber nur, wenn wir das auch in ungefährlichen Situationen machen, ansonsten sieht das Pferd in unserem geänderten Verhalten wieder die Bestätigung, dass da etwas sein muss und es sich zu Recht ängstigt.

Zu beachten ist, dass nicht nur die Leitstute eine Pferdeherde zum Wegrennen animiert. Jedes Tier in der Herde, das eine Gefahr wittert, stürmt los und die Herde folgt. Deswegen ist es für das Pferd erstmal unverständlich, warum wir nicht mit wegrennen, sobald das Pferd versucht, der Gefahr davonzulaufen. Wir wissen aus unserer Erfahrung heraus, dass unsere Umgebung ziemlich sicher ist, aber das Pferd weiß dies nicht unbedingt.

Charakter: Es gibt Pferde, die bei jeder Kleinigkeit davonrennen möchten, andere wiederum verharren und explodieren plötzlich. Zu welcher Kategorie das Pferd gehört, sollte vorher bekannt sein, um entsprechende Gegenmaßnahmen einleiten zu können. In beiden Fällen sollte sich das Pferd bewegen. Im ersten Fall kann man es zum Beispiel im Kreis um einen herum laufen lassen. Im zweiten Fall sollte man unter allen Umständen vermeiden, dass das Pferd stehen bleibt. Langsames konsequentes Vorwärtsgehen ist hier angebracht, damit es gar nicht erst explodieren kann.

Vorteil Reiten: Hat man das Vertrauen des Pferdes vom Boden aus, dann kann man jederzeit absteigen, wenn das Pferd nicht weitergehen will, z.B. bei der Überquerung einer stark befahrenen Straße oder über eine Brücke im Gelände.

Klappersack

Im Gelände kommt es immer wieder vor, dass plötzlich Sträucher rascheln, dass Traktoren in der Nähe vorbeifahren oder dass ein Vogel aufgeschreckt auffliegt. Für diese Dinge eignet sich im ersten Schritt ein Klappersack.

Material: alte Blechdosen, Jutesack oder vergleichbares.

Am Anfang sollte man sich einen Helfer nehmen, der den Sack hinter sich herzieht. Die eigene Aufgabe besteht darin, sein Pferd zu beobachten. Schaut es neugierig zu der Person mit dem Klappersack, kann der Abstand verkürzt werden. Wird das Pferd unruhig, sollte der Abstand vergrößert werden. Annäherung und Rückzug sind auch hier die entscheidenden Stichworte.
Zu unterscheiden ist hier, ob das Pferd wirklich ängstlich ist oder ein Spiel daraus macht, indem es versucht, den Menschen mit dem Klappersack zu bewegen. Das setzt voraus, dass man erkennen kann, wann das Pferd wirklich ängstlich ist oder nur ein Spiel spielt.

Im zweiten Schritt hält man den Klappersack in der einen Hand und das Pferd in der anderen und fängt an, ein wenig hin und her zu laufen. Ist das sicher, kann man den Klappersack auch am Sattel des Pferdes befestigen, so dass das Pferd den Klappersack selber ziehen muss. Um auch hier Annäherung und Rückzug zu ermöglichen, kann ein längeres Seil gewählt werden, das man notfalls auslaufen lässt, sollte sich das Pferd erschrecken.

Die Steigerung besteht dann darin, auf dem Pferd zu sitzen und den Sack auf den Boden fallen zu lassen. Bleibt das Pferd ruhig, hat man diesen Teil erfolgreich bewältigt.

Dies kann man als Vorübung für andere Begebenheiten nehmen, die Krach machen und das Pferd ängstigen. Je mehr das Pferd von seiner Umwelt wahrnehmen kann, desto ruhiger wird es werden.

Hat das Pferd z.B. Schwierigkeiten mit einem Traktor, sollte man sich mit einem Bauern kurz schließen, ob er einem helfen mag. Dazu sollte der Traktor so platziert werden, dass das Pferd den Traktor näher erkunden kann. Am Anfang wird das Pferd an den Traktor herangeführt. Über Annäherung und Rückzug wird hier der Traktor immer weniger gefährlich. Fängt das Pferd an, den Traktor zu erschnuppern, kann man zum zweiten Teil übergehen, indem der Traktor gestartet wird. Auch hier gilt wieder Annäherung und Rückzug. Der Höhepunkt besteht hier darin, dass der Traktor sich auch bewegen kann und das Pferd dem gelassen entgegensieht.

Dieselbe Vorgehensweise könnte man auch mit einer Pferdekutsche durchführen, sollte das Pferd eher damit Schwierigkeiten haben.

Agilitytunnel

Ein Agilitytunnel bietet viele Möglichkeiten, ihn in das Training mit einzubeziehen. Das Pferd kann seitwärts vor oder über den Tunnel geschickt werden, egal, ob vom Boden aus oder reitend. Das Pferd kann über dem Tunnel stehen bleiben und Hunde können hindurch rennen. Das Pferd kann über der Tunnel springen.

Wie wäre es, wenn nur die Vorderbeine über den Tunnel springen und das Pferd dann stehen bleibt?

Der Tunnel kann in einem Bogen gelegt werden oder in S-Form. Er kann ausgezogen oder kompakt hingelegt sein. Der Fantasie sind hier keine Grenzen gesetzt.

Immer gilt aber, dass das Pferd den Tunnel an sich akzeptieren muss und keine Angst davor haben darf. Der Tunnel selber sollte nicht höher als die Bodenfreiheit zwischen Pferdebauch und Boden sein.

Ist das Pferd mit dem Tunnel vertraut, lassen sich diese Übungen auch reitend durchführen. Es sollte darauf geachtet werden, dass sich das Pferd nicht den Hilfen widersetzt, um die Verletzungsgefahr gering zu halten.

Ist kein Tunnel vorhanden, kann man sich auch mit einer oder mehreren Tonnen behelfen, die man entsprechend aneinander legt.

Im ersten Schritt wird das Pferd an den Tunnel herangeführt. Ist es neugierig, bleibt man neutral stehen und wartet ab und beobachtet. Akzeptiert das Pferd den Tunnel, geht man zum nächsten Schritt über.

Das Pferd wird nun am besten seitwärts am Tunnel entlang geschickt. Zuerst wird es vor dem Tunnel gestoppt und man lässt es seitwärts am Tunnel entlang laufen. Dann schickt man es am Tunnel vorbei und lässt es in die andere Richtung seitwärts am Tunnel entlang laufen. Hier hat es jetzt den Tunnel hinter der Hinterhand. Als Steigerung lässt man es am Ende des Tunnels ein paar Tritte rückwärts gehen, so dass der Pferdebauch ungefähr auf Höhe des Tunnels ist und lässt es dann wieder seitwärts laufen.

Ist der Tunnel auf der Zirkellinie platziert, kann man das Pferd über den Tunnel springen lassen. Man kann den Sprung auch so unterbrechen, dass nur die Vorhand über dem Tunnel ist und die Hinterhand hinter dem Tunnel bleibt. In dieser Position erhält das Pferd eine Pause. Anschließend kann man es daraus auch wieder loslaufen lassen.

Ist das Pferd mit Hunden vertraut und umgekehrt und hat man die Übungen mit dem Podest alle durchgeführt, kann man Hunde auch durch den Tunnel schicken, während das Pferd über dem Tunnel platziert ist. Als erstes sollte man mit den Hunden üben, dass sie auch bereitwillig durch den Tunnel laufen. Anschließend schickt man das Pferd ein paar Tritte seitwärts über den Tunnel und platziert sich selber so, dass das Pferd jederzeit wieder vom Tunnel weg kann. Dann schickt man einen Hund auf der Seite in den Tunnel, auf der das Pferd steht, damit nicht plötzlich etwas unter dem Pferd passiert, was es nicht einordnen kann. Haben alle Beteiligten diese Übung soweit ruhig mitgemacht, platziert man das Pferd mehr in der Mitte über den Tunnel. Als weitere Steigerung kann man Hunde und Pferde gleichzeitig durch den bzw. über den Tunnel schicken.

Teppich ausrollen/zusammenrollen

Eine nette Spielerei besteht darin, sein Pferd einen Teppich ausrollen zu lassen. Hat die Übung mit dem Ballspielen gut geklappt, sollte auch ein Teppich kein Problem darstellen.

> **Charakter:** *Ist es eher ein futterorientiertes Pferd, kann man in den Teppich Leckerlis einrollen, so dass das Pferd ständig durch Futter für die richtige Richtung belohnt wird. Hat man eher ein unsicheres Pferd, lässt man den Teppich anfangs auf dem Boden liegen und schickt das Pferd nur darüber, um dem Pferd den neuen Untergrund zu zeigen.*

Annäherung und Rückzug wird schließlich zum Erfolg führen.

Geeignet sind hier alle Teppiche, die mindestens 150 cm lang und 80 cm breit sind. Sie sollten relativ stabil sein, damit sie sich fast von selber aufrollen, sobald man dagegen kommt.

Am Anfang führt man sein Pferd zum aufgerollten Teppich und lässt es diesen ausgiebig begutachten. Verliert das Pferd das Interesse, sollte es vom Teppich weggeschickt und in einem Bogen wieder zum Teppich hingeschickt werden. Ist der Teppich an sich kein Problem mehr, kann man mit der eigentlichen Übung beginnen.

Das Pferd wird an den Teppich herangeführt. Mit einem Kommando und einer Handbewegung in Richtung Teppich wird das Pferd aufgefordert, den Teppich aufzurollen. Stößt es mit der Nase gegen den Teppich, bekommt es ein Lob und eine Pause. Reagiert das Pferd auf Leckerlis, sollte es in diesem Moment im Teppich an das erste Leckerli herankommen und erhält somit die Belohnung. Durch erneutes Auffordern lernt das Pferd Stück für Stück, was genau hier von ihm verlangt wird.

Ist es gar nicht in der Lage, den Teppich zu rollen, kann man ihm helfen. Sobald die Nase in Richtung Teppich geht, rollt man ihn ein Stück auf. Hier wieder mit entsprechendem Stimmkommando. Bleibt das Pferd mit der Nase in der Nähe des Teppichs, erhält es eine Pause. Dann kommt erneut das Stimmkommando und das Hinführen der Pferdenase in Richtung Teppich.

Ist der erste Schritt getan und hat das Pferd den Teppich etwas aufgerollt, dann wird mit entsprechender Wiederholung und Übung auch der Rest des Teppichs kein Problem mehr darstellen. Das Pferd sollte dabei auf dem Teppich vorwärtslaufen.

Ist das Pferd neugierig, kann man den Teppich vom Pferd auch wieder zusammenrollen lassen. Dazu sollte man einen Untergrund wählen, bei dem ein Zusammenrollen problemlos möglich ist, z.B. auf Asphalt. Auf Sand wird es etwas schwieriger, da sich hier der Teppich schlecht wieder zusammenrollen lässt.

Kann man ein Pferd mit Futter belohnen, legt man unter den Teppich eine Müslispur. Wird das Pferd nur stimmlich gelobt, hilft man dem

Pferd am Anfang, indem man den ersten Teil des Teppichs zusammen rollt, einschließlich eines entsprechenden Kommandos. Das Pferd sollte auf dem Teppich stehen und rückwärts gehend den Teppich zusammen rollen.

In der Steigerung kann man das Pferd den Teppich auch vorwärtsgehend zusammenrollen lassen.

VERLAGSINFORMATION

Im breit gefächerten Spektrum seiner Verlagstätigkeit versteht sich der Printsystem Medienverlag nicht zuletzt auch als Plattform für begabte und noch unbekannte Autoren.

Thematisch setzt sich der Verlag kaum Grenzen. Es werden sowohl belletristische Werke als auch wissenschaftliche Publikationen, Kinderbücher, Reisebeschreibungen sowie Kalender und anderes mehr veröffentlicht. Damit trägt der Verlag zu einer wesentlichen Bereicherung des Literaturmarktes bei.

Eine Besonderheit des Printsystem Medienverlages besteht darin, dass es neben dem klassischen Offsetdruck auch die Möglichkeit des Digitaldrucks

Books on Demand

gibt, die es erlaubt, kleine Erstauflagen zu wettbewerbsgerechten Marktpreisen herzustellen und zu verlegen.

Haben Sie Ihr Buch schon geschrieben?

printsystem
MEDIENVERLAG

Gottlob-Armbrust-Straße 7
D-71296 Heimsheim
Telefon: 07033 306265
Fax: 07033 3827
E-Mail: info@printsystem.de

Der Inhalt dieses Buches wurde von der Autorin mit ihrer Erfahrung und nach bestem Wissen und Gewissen erstellt. Dennoch können weder der Verlag noch die Autorin eine Haftung, gleich welcher Art, übernehmen.

Lernziel:	**Spanischer Schritt, Polka, anheben jeder einzelnen Gliedmaße**
Voraussetzungen:	ein aufgewärmtes Pferd; Sensibilität in allen vier Gliedmaßen
Hilfsmittel:	eine Gerte
Schritt 1:	leichtes Touchieren der gewünschten Gliedmaße unterhalb des Hand- bzw. Fußgelenkes (Karpal/Tarsal-Gelenk) in Kombination mit einem Stimmkommando
Schritt 2:	loben, sobald die Gliedmaße vom Boden angehoben wird
Schritt 3:	Das Touchieren wird so lange fortgesetzt, bis die Gliedmaße soweit gehoben wird, wie es erwünscht ist.
Schritt 4:	Einmaliges Touchieren einschließlich des entsprechenden Stimmkommandos führt zur gewünschten Reaktion

Lernziel:	**Plie**
Voraussetzungen:	ein aufgewärmtes Pferd; Reaktion auf die Touchade der Vordergliedmaßen in die gewünschte Richtung
Hilfsmittel:	eine Gerte
Schritt 1:	Touchieren einer Vordergliedmaße führt zum nach vorne Strecken der Gliedmaße
Schritt 2:	Beide Gliedmaßen können abwechselnd nach vorne gestellt werden. Hierbei bleibt man auf einer Seite stehen und touchiert entsprechend über die Schulter das andere Vorderbein.
Schritt 3:	Auseinanderstellen der Vorderbeine, sobald sie nach vorne gestreckt sind
Schritt 4:	Mit Hilfe eines Leckerlis und eines Stimmkommandos den Kopf zwischen die Vorderbeine führen

Lernziel:	**Kompliment**
Voraussetzungen:	ein aufgewärmtes Pferd; Reaktion auf die Touchade der Vordergliedmaßen in die gewünschte Richtung
Hilfsmittel:	eine Gerte
Schritt 1:	Touchieren einer Vordergliedmaße führt zum Anheben der Gliedmaße
Schritt 2:	Das Pferd steht sicher auf 3 Beinen und lässt sich das angehobene Bein nach hinten ziehen.
Schritt 3:	Absetzen des nach hinten gezogenen Beines
Schritt 4:	Mit Hilfe eines Leckerlis und eines Stimmkommandos den Kopf zu der Seite führen, auf der man selber steht

Lernziel:	**Nein sagen/Ja sagen**
Voraussetzungen:	Das Pferd sollte nicht kopfscheu sein und somit auf Berührungen in diesem Bereich positiv reagieren
Hilfsmittel:	Halfter und Strick
Schritt 1:	leichtes Ziehen am Strick in Richtung Boden einschließlich Kommando (= Ja)
Schritt 2:	Sobald das Pferd den Kopf herunternimmt, sofort den Druck wegnehmen und loben
Schritt 3:	Mit dem Finger leicht im Pferdeohr kraulen (= Nein) einschließlich Kommando
Schritt 4:	Sobald das Pferd anfängt, den Kopf zu schütteln, loben

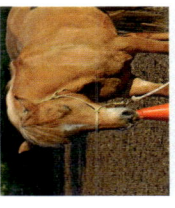

Lernziel:	**Nase auf Gegenstand**
Voraussetzungen:	Das Pferd sollte neugierig auf seine Umwelt reagieren.
Hilfsmittel:	Halfter und Strick, Pylone
Schritt 1:	Das Pferd wird auf einen Zirkel geschickt.
Schritt 2:	Sobald das Pferd aufmerksam seine Runden dreht, wird die Position so verändert, dass der Gegenstand auf der Zirkelbahn liegt.
Schritt 3:	Stoppt das Pferd vor dem Gegenstand, wird es gelobt.
Schritt 4:	Setzt es auch noch die Nase auf den Gegenstand, bekommt das Pferd eine Pause.

Lernziel:	**Hinlegen**
Voraussetzungen:	Kompliment
Hilfsmittel:	Halfter und Strick, weicher Untergrund
Schritt 1:	Zurückziehen einer Vordergliedmaße, wie zum Kompliment
Schritt 2:	Herumführen des Kopfes, wie zum Kompliment
Schritt 3:	Der Kopf wird weiter nach unten geführt, so dass das Pferd sich vorne ablegt und die Hinterbeine automatisch folgen. Kommando für das Hinlegen geben
Schritt 4:	Sobald das Pferd liegt, loben

Vollständiges Hinlegen

Lernziel: Vollständiges Hinlegen

Voraussetzungen: Hinlegen

Hilfsmittel: Halfter und Strick, weicher Untergrund, ruhige Umgebung

Schritt 1: Das Pferd auf Kommando hinlegen lassen

Schritt 2: Herumführen des Kopfes, so dass das Pferd komplett auf der Seite liegt, mit entsprechendem Kommando

Schritt 3: Sobald das Pferd vollständig liegt, Pause und loben

Sitzen

Lernziel: Sitzen

Voraussetzungen: Hinlegen

Hilfsmittel: Halfter und Strick, weicher Untergrund, ruhige Umgebung

Schritt 1: Das Pferd auf Kommando hinlegen lassen

Schritt 2: Das Aufstehen des Pferdes wird unterbrochen, so dass es in eine sitzende Position gerät, indem man die Nase des Pferdes dirigiert.

Schritt 3: Sobald das Pferd sitzt, loben und Leckerli geben

Aufsteigen ohne Sattel

Lernziel:

Voraussetzungen: ein aufgewärmtes Pferd, ein weicher Untergrund, „Ja"-Sagen, kein allzu schwerer Reiter

Hilfsmittel: Halfter und Strick

Schritt 1: Das Pferd auf Kommando den Kopf runternehmen lassen

Schritt 2: Vorsichtig auf den Hals legen, damit das Pferd das eigene Körpergewicht erfühlen kann

Schritt 3: Das Pferd auf Kommando den Kopf wieder hochnehmen lassen

Schritt 4: Sich auf den Rücken des Pferdes schwingen und das Pferd loben

Balancieren über einer Stange

Lernziel:

Voraussetzungen: ein aufgewärmtes Pferd, Stangen, die nicht wegrollen können, Anheben aller vier Gliedmaßen auf Kommando

Hilfsmittel: Halfter und Strick, Stangen

Schritt 1: Das Pferd auf Kommando das erste Vorderbein dorthin setzen lassen, wohin man es gesetzt haben möchte, im ersten Schritt sollte keine runde Stange benutzt werden

Schritt 2: Reagieren beide Vorderbeine in der gewünschten Art, kann man die Hinterbeine hinzu nehmen.

Schritt 3: Nach jeder richtigen Durchführung dem Pferd eine Pause geben und loben

Podest

Lernziel: ein aufgewärmtes Pferd, Anheben der Vordergliedmaßen auf Kommando

Voraussetzungen:

Hilfsmittel: Podest

Schritt 1: Das Pferd auf Kommando das erste Vorderbein dorthin setzen lassen, wohin man es gesetzt haben möchte

Schritt 2: Reagieren beide Vorderbeine in der gewünschten Art, kann man die Hinterbeine hinzu nehmen, indem das Pferd aufgefordert wird, weiter nach vorne zu gehen und somit das Podest zu besteigen. Pause, loben

Schritt 3: Das Pferd rückwärts vom Podest führen

Pferdeanhänger

Lernziel: ein aufgewärmtes Pferd

Voraussetzungen: Pferdeanhänger am Auto angeschlossen, um ein Kippen des Anhängers zu vermeiden

Hilfsmittel:

Schritt 1: Das Pferd seitwärts um den Anhänger schicken

Schritt 2: Das Pferd seitwärts über die Rampe schicken

Schritt 3: Das Pferd vorwärts in den Anhänger schicken

Schritt 4: Das Pferd rückwärts in den Anhänger schicken

Decke runterziehen

Lernziel:

Voraussetzungen: ein aufgewärmtes Pferd

Hilfsmittel: eine Decke, die nicht im alltäglichen Gebrauch ist

Schritt 1: Dem Pferd die Decke auf den Rücken legen

Schritt 2: Eine Möhre in Höhe der Decke halten

Schritt 3: Ein Kommando geben und die kleinste Andeutung vom Beißen in die Decke belohnen

Schritt 4: So lange weitermachen, bis das Pferd die Decke selbstständig vom Rücken zieht

Ball spielen

Lernziel:

Voraussetzungen: ein aufgewärmtes Pferd, die Übung „Nase auf Gegenstand"

Hilfsmittel: ein stabiler Ball, damit er nicht platzt, sollte das Pferd auf den Ball treten

Schritt 1: Das Pferd mit dem Ball vertraut machen

Schritt 2: Mit dem Ball das Pferd überall berühren

Schritt 3: Den Ball gegen die Vorderbeine rollen lassen und ein Kommando geben, sobald das Pferd den Ball bewegt, loben

Schritt 4: Das Pferd hinter dem Ball herschicken, auch rückwärts ist möglich

Wippe

Lernziel:

Voraussetzungen: ein aufgewärmtes Pferd

Hilfsmittel: eine stabile Wippe, die am Anfang niedrig ist

Schritt 1: Das Pferd mit der Wippe vertraut machen

Schritt 2: Das Pferd auf der einen Seite auf die Wippe führen und rückwärts wieder zurück

Schritt 3: Das Pferd über die Wippe laufen lassen

Schritt 4: Das Pferd wippen lassen, auch nur durch Gewichtsverlagerung, ohne wirkliche Tritte

Seil springen

Lernziel:

Voraussetzungen: Berührungen am Kopf sind kein Problem

Hilfsmittel: ein eng anliegendes Halfter, ein Seil mit kleinem oder keinem Karabinerhaken

Schritt 1: Das Pferd wird an das Seil gewöhnt, indem man es damit im Kopfbereich berührt.

Schritt 2: Das Seil wird in kleinen Kreisen geschwungen.

Schritt 3: Das Seil wird in großen Kreisen geschwungen.

Stangensalat

Lernziel: Stangensalat

Voraussetzungen: ein trittsicheres und aufmerksames Pferd

Hilfsmittel: mehrere Stangen

Schritt 1: Heranführen des Pferdes an auf dem Boden liegende Stangen

Schritt 2: Vor dem Pferd hergehend die Stangen überqueren

Schritt 3: Das Pferd selbstständig über die Stangen gehen lassen

---

Tor öffnen

Lernziel: Tor öffnen

Voraussetzungen: ein Pferd, das auf reiterliche Hilfen reagiert nur auf Schenkelhilfen.

Hilfsmittel: ein Tor

Schritt 1: Das Pferd geht eine Vorhandwendung nur auf Schenkelhilfen.

Schritt 2: Das Pferd seitwärts an das Tor führen, die Zügel in einer Hand und mit der anderen das Tor öffnen

Schritt 3: Das Pferd mit einer Vorhandwendung durch das Tor führen

Schritt 4: Das Pferd rückwärts richten, so dass das Tor wieder geschlossen werden kann

Spazierengehen

Lernziel:

Voraussetzungen: Die Rangordnung zwischen Mensch und Pferd sollte zugunsten des Menschen geklärt sein.

Hilfsmittel: Ein eng anliegendes Halfter und ein Strick, der die Hände nicht aufreißt, sollte er durch die Hände gezogen werden

Schritt 1: Das Pferd in der Halle hinter sich herführen

Schritt 2: Die Führposition ändern, z.B. hinter der Schulter gehen oder auf der anderen Seite

Schritt 3: Mit dem Pferd nach draußen gehen, wenn das Pferd sich in der Halle/auf dem Platz einwandfrei führen lässt

Klappersack

Lernziel:

Voraussetzungen: offenes Gelände, Respekt des Pferdes

Hilfsmittel: Halfter und Strick, Kartoffelsack, mit Dosen gefüllt

Schritt 1: Das Pferd an dem Sack schnuppern lassen

Schritt 2: Den Klappersack auf dem Boden hin- und herziehen

Schritt 3: Den Klappersack fallen lassen

Agilitytunnel

Lernziel:

Voraussetzungen: im 90° Winkel seitwärts gehendes aufgewärmtes Pferd, weicher Untergrund

Hilfsmittel: anfangs stabile Tonne, später Agilitytunnel aus dem Hundesport

Schritt 1: Das Pferd über eine längere Strecke im 90° Winkel seitwärts gehen lassen

Schritt 2: Das Pferd seitwärts über eine Tonne gehen lassen

Schritt 3: Das Pferd seitwärts über einen Agilitytunnel gehen lassen

Schritt 4: Einen Hund durch den Tunnel schicken, während das Pferd in der Mitte des Tunnels steht

Teppich ausrollen/zusammenrollen

Lernziel:

Voraussetzungen: ein neugieriges Pferd, das gelernt hat, seine Nase auf Gegenstände zu setzen

Hilfsmittel: Teppich, weicher Untergrund

Schritt 1: in den Teppich Leckerlis einrollen

Schritt 2: Das Pferd mit der Nase zum Teppich dirigieren und ein Stimmkommando zum Ausrollen des Teppichs geben

Schritt 3: Stößt das Pferd mit der Nase an den Teppich, bekommt es sowohl ein stimmliches Lob als auch die Belohnung durch ein gefundenes Leckerli.